Santiago de Compostela, el Sacrificio

San Daniel

Published by San Daniel, 2021.

SANTIAGO DE COMPOSTELA, EL SACRIFICIO

Previously published under: 1634485009, 978-1634485005

Second edition. November 14, 2021.

Written by San Daniel.

Santiago de Compostela, el Sacrificio

Estaba preocupado, en realidad más que preocupado, estaba desesperado. Tenía miedo de perder el amor de mi vida, mi otra mitad, a quien conocí tarde en la vida, cuando la reconocí por primera vez. La noche no trajo descanso alguno, por el cansancio me quedé dormido y desperté y me di cuenta que daba vueltas agitadamente. ¡Mi amor, mi corazón gritaba, luego se recuperó de nuevo, por llorar tanto, se recuperó! ¡No había nada que pudiera hacer para cambiar las cosas, yo haría cualquier cosa! Llévame a mí y deja en paz a mi amada, le rogué. Por fi n, agotado, caí de cabeza sobre los talones en un sueño muy, muy profundo y el universo extendió la mano y llenó mi cabeza con un sueño. Mientras soñaba, sentí que esto no era un sueño común, me conmovió, me puse en contacto con la fuerza de la vida misma, lo que indicaba que tenía que ser fuerte y estar alerta, con el fi n de seguir a las imágenes. No hay mejor manera de expresar el sentimiento que me invadió. Imágenes mágicas pasaban ante mí. Me vi a mí mismo de lejos y sentí lástima por mí mismo, era un espectador de mi propio sueño y en este punto me desperté de nuevo. No muy despierto, pero aún somnoliento, desapareciendo las imágenes a lo lejos. A mi lado, el amor de mi vida dormía plácidamente ajena a lo que estaba ocurriendo, me calmé y me deslicé a un estado de olvido como un sueño. Una vez más me estaba mirando a mí mismo a lo lejos, había vuelto a caer en el sueño. Como si alguien hubiera pulsado el botón de reproducción. Yo estaba caminando con el amor de mi vida hacia un templo, no era una iglesia, sino un lugar de culto. Simplemente sabía que era un lugar de culto. No había bancos en el interior de la iglesia y había mucho espacio.

Las imágenes eran nítidas y de gran detalle y se grabaron en mi alma. Incluso ahora, después de dos años puedo recordar el mínimo detalle. El ladrido de uno de mis perros, vagando en mi patio, me había despertado de nuevo. Todavía era de noche y la esfera iluminada de la alarma del reloj mostraba las 3:00. Las imágenes no se desvanecían y el amor de mi vida se movió un poco. Me arropé un poco con las sábanas hacia mí y esperaba más o menos lo que iba a suceder. Si permitía nuevamente el sueño, el sueño que era como un sedante dulce. Estaba de vuelta en el templo y pude ver a mi amor, pero ella se alejaba un poco de mí. Nos miramos y luego desapareció de mi vista y me sentí abandonado, mi corazón se hundió en el abismo.

Me vi a mí mismo a lo lejos y una conciencia profunda despertó en mí, 'estamos aquí con tiempo prestado'. Un banco llegó flotando por los aires, acompañado de una extraña canción en una lengua extranjera. Los cantantes no podían verse en ninguna parte, tampoco podrías identificar de dónde provenía el sonido, la canción simplemente estaba allí, rodeándonos. El banco pasó delante de mí y "aterrizó" a mi izquierda. Tres hombres estaban sentados en él y me desperté de nuevo. Conocía la imagen, que había visto antes y traté desesperadamente de recordar el contexto donde lo había visto. Quería saber lo que estaba tratando de comunicarme, tres hombres sentados en un banco que venía flotando de cierta apariencia y que aterrizó a mi lado. Vino a mí en cuestión de segundos. ¡Yalta! La conferencia de Yalta al final de la guerra con Churchill y Roosevelt y Stalin. Los líderes mundiales al momento de crear y redactar un pacto para un nuevo orden mundial. De repente el significado calló sobre mí, una imagen que se puede encontrar en cualquier libro de historia escolar, se había utilizado para transmitirme un mensaje profundamente simbólico.

Había allegado el momento en mi vida para comenzar un nuevo pacto, un nuevo comienzo. Me di cuenta de que mi relación con el sueño no había acabado, cuando me había quedado dormido otra vez y no me sorprendió en lo más mínimo, que las imágenes continuaran. Yo sabía que había solucionado parte del enigma, lo había logrado y ya era hora de hacer un pacto conmigo mismo y con el amor de mi vida y con mis alrededores, para venir en paz conmigo mismo. Era un conocimiento sagrado.La noche no parecía terminar nunca y, a veces me despertaba, refexionando sobre las piezas del rompecabezas que se presentaban ante mí en un estado de sueño. Regresé a mi sueño, yo estaba solo y triste, muy triste y estaba caminando en un camino rural. Tenía que llegar a un objetivo y extrañaba mucho a mi familia, pero no podía volver atrás. Llevaba una mochila y estaba sosteniendo un palo largo en la mano. Estaba progresando, pero con gran dificultad. Un texto me vino a la cabeza, un texto de Led Zeppelin, que se llamaba: alojamiento. Era el título de la canción de su Disco; Casas del Santo:

La nieve cae con fuerza y tú no lo sabes los vientos fríos de Thor están soplando
Llevan consigo acero que es brillante y verdadero
Llevan noticias que deben entregar para construir un sueño para mí y para ti
Ellos eligen el camino donde nadie va
Nos consideraban sin piedad.

Sin piedad, era una orden que se daba durante la guerra, para matar a todos los enemigos, no para tomarlos prisioneros, ni para ofrecerles refugio o algo más.

Al caminar junto a la muerte
el diablo se burla de todos sus pasos
la nieve desacelera los pasos que son lentos
los vientos fríos de Thor están soplando
oh sin piedad,
el dolor sin piedad

Caminar ha sido cada vez más difícil ahora y mi pie derecho estaba empezando a arrastrase. Sentía como si estuviera arando a través del aire espeso, que rodeaba mis pies. Me desgastaba. Tuve que seguir mi camino, paso a paso, apoyándome intensamente en el palo con ambas manos. Tuve un problema y lo sabía. Mis pasos eran lentos y yo era el que caminaba junto a la muerte. Yo estaba agotado, pero no tenía miedo y empecé a cantar y caí hacia adelante boca abajo en el camino y desperté otra vez. Mi despertador me mostró que aún eran las tres de la mañana. Cuando me quedé dormido de nuevo, apenas me estaba levantando del suelo y me sentía miserable, pero una intensa sensación de felicidad llenó mis sentidos. Tenía tierra entre mis dedos y sabía que tenía que tomar algo de la tierra conmigo. Tenía la esperanza de que el recipiente que contiene el vino para el sacrificio no se había roto. Sabía ahora que tenía un recipiente en mi mochila. El vino era esencial para la libación que iba a realizar. Un texto vino a mi cabeza, de cuando era un estudiante, era un texto escrito por el poeta: Rheinvis Feith, y tenía el título: la tumba. *Una mandíbula insignifcante es un lugar para los gusanos...*

Me desperté de nuevo, aún eran las tres y estaba muy cansado. Con cuidado, me escabullí de la cama, para no despertar al amor de mi vida y fui a la cocina a prepararme una taza de té. Tenía un montón de información, a la espera de ser procesada y sólo después de la segunda taza, supe lo que significaban los fragmentos. Los había colocado en el orden correcto y lo que me asustó. Sabía lo que había hecho y estaba preparado para hacerlo. Me decidí, y estaba dispuesto a seguir el camino donde nadie va...A hurtadillas regresé a mi habitación y con cuidado me deslicé de nuevo en mi cama, al lado de mi amor. Casi no me atrevía a ver la hora en el despertador, tenía la sensación que aún eran las tres. Pero no, el tiempo se había normalizado y me mostró las cuatro menos cuarto. Caí en un sueño profundo. En la mañana fui a trabajar en los campos, el sueño estaba grabado en mí, se había implantado de manera que no podía ser borrado. Comprendí que había sido algo más que un simple sueño. Tenía la sensación que había arrastrado mi pie derecho y sentía el dolor de la soledad absoluta. Me preguntaba si algún tipo de mecanismo psicológico de defensa había producido el sueño para disipar mis temores por el resultado del chequeo de mi amor, medio año después de su operación. ¿Acaso yo mismo proyecté las imágenes? Rechacé esa línea de pensamiento, imágenes simbólicas se habían presentado, de la nada. Fragmentos que tuve que descifrar y que conocía profundamente en mí mismo que el sueño era real, un mensaje, y que si no seguía su ejemplo, sería responsable de las consecuencias por el resto de mi vida.

Cuando el corazón está tan lleno de un sueño, y si el sueño tiene facetas tan realistas que no se pueden negar, sabes lo que debes hacer. Como las aves que migran hacia el sur, debes seguir esa llamada. En esta caso, la llamada es tu corazón y relación. A sabiendas de que muchos no lo entenderán y te mirarán con compasión cuando escuchen la historia, pero, ¿acaso no seguían los discípulos a sus sueños?. Quien hace planes tiene futuro, y quien sigue sus sueños se atreve a pensar con más profundidad. Nunca arrebates los sueños de un hombre, porque entonces estará perdido.

En los siguientes días trabajé en mis campos e iba al pueblo después de unas horas para tomar un café y ver a algunos amigos, pero mis pensamientos estaban siempre muy lejos. En el tercer día, después de que el rompecabezas se me había presentado, un amigo mío, un experto en historia romana y las guerras napoleónicas, me preguntó si podía llevarlo hasta el siguiente pueblo. 'Por supuesto', dije, 'será un placer, tal vez podamos compartir una taza de café, una vez que estamos allí. 'Eso estaría bien', dijo mi amigo, 'Me gusta el café'. 'Me gustaría conocer tu opinión sobre un asunto de importancia que ha ocupado mi mente desde hace algún tiempo', añadí. 'Como ahora mismo', quería saber mi amigo 'No', le dije, 'después de una taza de café, quiero tomar mi tiempo'. 'Mmmm, suena serio', dijo. Allí estábamos, un poco más tarde, dos chicos de edad con un café y una copa de coñac, teniendo una charla. 'Vamos a empezar', le dije, después de un sorbo de mi brandy. 'Te conozco desde hace muchos años y yo te respeto mucho'. 'Tengo el mismo respeto por ti', dijo. 'Lo sé', continué, 'es por eso que voy a decirte, lo que ni el amor de mi vida sabe, prométeme, que mantendrás en secreto lo que voy a decirte'.

'Dalo por hecho', respondió con una sonrisa, pero sus ojos eran serios.' He tenido un sueño que era tan real, que me impresionó profundamente'. 'Quiero decir una impresión abrumadora'. 'Las imágenes que no se desvanecen con el tiempo, una vez despierto, que normalmente es el caso con los sueños, imágenes que no se borran y que no se desvanecen en el olvido, ¿sabes lo que quiero decir? 'Al igual que el día de ayer'. 'Yo sé lo que estás diciendo', mi amigo respondió, 'Yo también he vivido una situación similar'. Ahora era mi turno de mostrar sorpresa.

Mi amigo británico es muy sensato. Comenzó su narrativa. 'Lo recuerdo muy bien, hasta hoy', y se quedó en silencio. '¿Qué recuerdas?' le pregunté. 'Morí en la batalla de Trafalgar, el 21 de octubre de 1805, alrededor del mediodía'. 'Desafortunadamente, me ahogué'. 'Cuéntamelo', le dije. Miró lejos y comenzó diciendo: 'Yo tuve un sueño que era tan real que me di cuenta que era un recuerdo'. 'Por alguna razón se había traducido en un sueño'. 'Yo estaba de pie en el puesto de observación en una cubierta de un barco y había un hombre de pie junto a mí, todavía lo puedo describir, hablaba con un peculiar acento británico'. 'Fuimos golpeados en medio del barco y el impacto me tiró por la borda'. 'Nadie vino a ayudarme en el fragor de la batalla'. 'La balaustrada de la cual estaba agarrado había volado en pedazos, el barco tambaleaba con más fuerza'. 'No me llevó mucho tiempo'. '¿Qué quieres decir?' le pregunté, '¿qué no te llevó mucho tiempo?' 'El ahogamiento', afirmó con calma. 'El agua estaba tan fría que olvidé cómo nadar, el frío paralizó los nervios y causó un dolor como si una gran mano te apretara, desde la zona lumbar hasta el cerebro'. 'Apenas podía respirar, todo lo que podía hacer era jadear'. 'Más tarde nací en Leeds y cuando llegué a la edad en la que me había ahogado, soñé esta batalla específi ca: Aún puedo recordar el fuerte olor a pólvora que llena las fosas nasales.

Mi padre pensó que era más prudente si no habla de esto y él me aconsejó que lo olvidara'. 'Más tarde en la vida desarrollé un interés en historia, pero una era diferente: Los romanos y su expansión'. 'las personas realmente no entienden estas cosas y yo tampoco, para ser honesto, dijo, pero sé que estaba allí y lo que pasó'. 'Ahora es tu turno', dijo y mirándome más de cerca, continuó; 'Te ves como acabas de ver un fantasma'. 'Mira, le dije, me voy de peregrinación'.

Voy a realizar un sacrificio de libación, ya sabes, el vertido del vino, en la tumba de Santiago. Él era el hermano de Jesús y voy a pedirle un favor. He tenido un sueño, un sueño muy simbólico y he llegado a creer que esta es la única cosa que puedo hacer para salvar al amor de mi vida. Era tan realista que parecía ser una película en la que me vi a mi mismo interpretar un papel. En color, ¿mi amigo quería saber? sí, le dije. Al igual que mi sueño, dijo mi amigo que se ahogó.

En este sueño, seguí, vi una concha incrustada en la carretera. Ahora sé que la concha simboliza la tumba del apóstol. Todos los caminos llegan a la tumba de Santiago, donde las líneas en la parte posterior de la concha se encuentran, allí encontrarás la iglesia con la tumba del hermano Jesús'. Aquellos que han sido limpiados por el viaje abrazan su tumba y derraman todo su corazón. El lugar es antiguo, los romanos solían llamarlo *Finimundo,* fin del mundo y eran tan supersticiosos que le temían, creían era el lugar de encuentro entre los vivos y los muertos.

No parecía sorprendido en absoluto, ¿cómo llegarás hasta allí? quería saber. A pie, le respondí, sobre un camino que he visto. Una vez que me limpien y purifiquen puedo pedir un favor, con toda mi alma, pero primero debo traer el sacrificio y, bueno, el sacrificio es mío. ¿Está muy lejos? Él preguntó 1,042 kilómetros, según el internet, lo comprobé anoche, pero no es así como iré. No puedes caminar sobre una autopista desde aquí hasta Santiago, que viene de san e Iago, que es Jacobo, está en Galicia. Entonces, ¿cómo vas a llegar? Me preguntó. El camino más corto.

Voy esperar hasta que la nieve se haya ido de las montañas y voy tomar el camino más recto posible.

Me encantaría ir contigo, dijo. No, le respondí: estoy conectado a mi sueño, soy yo el que tiene que ir, de lo contrario no tendrá el mismo valor. En realidad no sé lo que es el sacrificio de libación, respondió. Y empecé a explicarle sobre los antiguos griegos y cómo creía que se podía hablar con los muertos en el Hades por medio de un sacrif cio de libación. Tendrás que derramar un poco de vino por encima de una tumba y tendrás que arrodillarte, y tendrás que escuchar cómo desciende el vino en la arena seca, tratando de distinguir voces fuera del fluido murmurante. Seguramente eso no es lo que vas a hacer, dijo, eso no suena muy sensato.

No, lo que voy a hacer, es conectar mi granja y mi viñedo, donde vivo con el amor de mi vida, con la tumba de Santiago. Mi vino como todo vino de mis vecinos tiene un carácter único, causado por el ángulo del sol, el suelo y la composición de la tierra misma. Hallaré el camino hacia la tumba y voy a derramar un poco de vino, el vino de mis campos, sobre la tumba. Luego, voy a hacer lo mismo con la tierra de mis campos y después de eso pediré mi favor. ¿Qué es? Preguntó. Dos cosas, dije, O que se cure el amor de mi vida o que yo pueda cambiar su lugar. Cierto, dijo: Te entiendo. ¿Estás seguro de tu petición? sí, dije. Se puso de pie, se acercó a mí y me abrazó, Ve con Dios, dijo.

El sueño dejó de ser un sueño, se había convertido en un plan de acción a la espera de ser ejecutado, al igual que un programa del ordenador, que se ha descargado y espera a ser ejecutado. Ya no era una pregunta si iría, sino más bien cuándo iría. En mi corazón sé que ya estoy emprendiendo el viaje, y cada día me voy despidiendo y alejando de mis tierras, mis viñedos, mi familia y mis amigos, sin que ellos sepan que el momento está cada vez más cerca, cada minuto, cada segundo, estoy más cerca de emprender mi camino.

Me preparé totalmente y establecí una fecha para salir de mi puerta hacia el camino que conduce a la tumba del apóstol. Decidí que saldría alrededor del 11 de marzo, las montañas y sus crestas no tendría nieve para entonces. Diariamente estaba al tanto del pronóstico del tiempo, ahora, con gran interés y siempre me enteraba si llovía o nevaba en Galicia. Inmediatamente me vinieron a la mente, 'las frases de sin piedad'.

Los copos de nieve o un poco de lluvia no son la perspectiva más agradable que el viajero solitario podría desear. Decidí, sin embargo, salir al día siguiente en el cumpleaños de mi hija, que estudia en Almería y no vuelve a casa con demasiada frecuencia ya que su estudio requiere mucho tiempo. Cuando venga a visitarnos, estaría ya sea camino a la tumba o podría estar alcanzando mi objetivo, eliminando las preocupaciones innecesarias que de otra manera podrían molestarla. Habían más razones para elegir el mes de marzo. Más tarde, mientras avanzaban los meses del año, las temperaturas podrían establecerse, alcanzando un los 35 o 40 grados centígrados, por lo que sería más incómodo atravesar las áreas montañosas. La razón más importante, sin embargo, era que yo quería llegar a la tumba, pedir mi favor antes del 14 de abril, ya que en ese día, el amor de mi vida recibiría el resultado de un chequeo después de su operación, para determinar si está limpia o no, y no es bueno que pida un favor en retrospectiva.

Pasé muchas tardes detrás de mi ordenador, en mi estudio preparando mi viaje. Calculaba la distancia por internet y agrandaba el lugar, si sentía que necesitaba echar un vistazo más cerca del lugar para pasar la noche. Dividía la distancia a través de la cantidad de días que iba a necesitar antes del 14 de abril y buscaría aldeas o pueblos cercanos a cada lugar de descanso. Pensé de detrás de mi pantalla que todo estaba bajo control. Compuse una lista de posibles lugares de descanso y sus distancias. Grabé estos en un archivo y pensé: si pierdo mi lista, todo lo que necesito hacer es encontrar un ordenador en alguna parte para volver a imprimirla. Siempre queremos planificar nuestra vida ahora, ¿no es así? Si caminas la senda sin embargo, más a menudo, las cosas tomarán un rumbo diferente, su propio curso. ¡La vista trasera es una cosa tan maravillosa!Sabía que caminaría solo debido a la época temprana del año, todo por la fecha límite de 14 de abril, para llegar a la tumba. El plan de acción había comenzado su rumbo trascendental, para no ser borrado más por la razón o la duda. Estaba en el punto de no retorno.

Trabajar en los campos me daría tiempo para estudiar mis olivos. Iba a necesitar una buena rama sólida, como un bastón, también para defensa. Ya tenía suficientes problemas como para preocuparme de algunos perros salvajes medio muertos de hambre, quienes como sus hermanos mayores los lobos sólo estarían felices si me devoran en el desierto. No pensaba en encontrarme con un lince, son raros hoy en día, pero el jabalí o una manada de perros salvajes, sería algo que debería tomar en cuenta. Mi intención era descansar, si es posible, en el mundo civilizado. Las personas están llenas de buenas intenciones. Vi el tipo de árbol que había estado buscando, viejo y sólido y corté una rama robusta de este árbol. Esta rama me conectará con el árbol y mi pueblo para las próximas semanas. Yo no sé cómo explicarlo, pero sentí que la rama no era apropiada. No se ajustaba apropiadamente en mi mano. Miré más de cerca ahora, y sólo con la tercera rama que corté, sentí una buena sensación en mi mano. ¡Había encontrado mi bastón! Tenía una longitud de aproximadamente 1.50 y un poco rugoso, pero ni modo. No interfirió con el buen sentido del delicado equilibrio entre el peso y el apoyo. Puede sonar divertido pero parecía aferrarse a mi mano.

Este bastón me acompañaría y sería un apoyo para mí en mis horas de soledad. Me defendería contra los males que tratan de alejar a los viajeros. Sería el único testigo de mi soledad extrema y me llevaría de la mano y me llevará por caminos difíciles. Yo estaba sosteniendo la mano de mi compañero de viaje. Lo llevé en el interior y lo puse al lado de la fogata y el amor de mi vida me preguntó, '¿para qué te sirve eso?' y sabía que había llegado la hora de abrirme y hablar. Yo dije, necesito hablar contigo, hay algo grave que tenemos que discutir y así pasaron dos horas. ¿Puedo cambiar tu opinión?, me imploró. No, le dije, tengo que hacer esto. Lo estás haciendo por ti mismo, dijo. Sí y no, le dije. Es todo lo que puedo hacer por ti y si no lo hago y si el resultado de tu prueba no es lo que queremos, entonces nunca voy a encontrar paz mental nunca más en mi vida. De esa forma lo haría por mí mismo. Entonces te ayudaré, dijo y mi corazón se encogió, porque dejarla atrás de repente estuvo tan cerca...

Viajar sin un propósito no tiene sentido. El camino que lleva a la comprensión radica a lo lejos que necesita ser cubierto. los que lo hagan sin objetivo alguno, poco aprenderán del camino y entorpecerán los pasos del que busca la verdad y la paz, el peregrino. Es una bendición cuando te das cuenta de que cada paso a partir de tu puerta de entrada es un paso hacia Santiago y que no tienes que completar todo el camino, sólo tienes que dar un paso atrás en tu casa y estás en casa de nuevo. Pero llega el día que encontrará a aquellos que son más sensibles al llamado del sendero, que el llamado se convierte en demasiado fuerte para que resistan y seguirán su corazón y cumplirán con su misión.

El amor de mi vida, me llevó a Almería y me compró una mochila, un buen abrigo y un par de buenos zapatos para caminar. No habría gastado todo eso sino después, mucho después, cuando estuviera en el camino. Me di cuenta de que las mujeres tienen un instinto, un instinto de cuidar que pueden anticipar las cosas por venir, mientras alguien viaja. En la misma tienda me compré comida de astronauta, compacta y ordenada, como supuse que habría días al atravesar las montañas en los que estaría lejos de tiendas y comida normal. Compré algunas barritas energéticas y una cantimplora, que resultó más tarde no ser tan buena en absoluto como todo lo que llevas por nada. Unas tabletas de penicilina que curan todo, en caso de fiebre o una infección y un sombrero. No puedes darte el lujo de llevar todo. Debes elegir sabiamente para viajar ligero. Habría viajado de manera diferente, pero el amor de mi vida tiene mucho sentido común.

Después de un rato llegó el día en que tendría que informar a unos amigos, que me echarían de menos. Primero fui con el alcalde. Pedro, le dijo, voy a dar un paseo. ¿Durante mucho tiempo? me preguntó. No lo sé, dije, eso depende de las circunstancias. ¿Dónde vas? Continuó. Santiago de Compostela, respondí: *'Peregrino soy y a Santiago me voy'*. Todos somos peregrinos en nuestras vidas, dijo Pedro con una sonrisa. ¿Vacaciones? No, le dije, 'Compromiso'.

Entiendo, dijo Pedro y pude ver eso en sus ojos y le hubiera gustado dejar las pilas de papeles sobre su escritorio detrás de él y unirse a mí. Pero esa no es la forma de ir en la vida. Debes tener un objetivo en la vida, ¿cómo alcanzarás tus objetivos si no sabes cuál es tu objetivo en la vida? Joven, dijo, joven, ten mucho cuidado y se levantó y me abrazó calurosamente. Salí del Ayuntamiento con un estado de ánimo deprimido.

Ahora debía informarle al viejo. El viejo era el presidente de nuestra peña, nuestro grupo de amigos. Sabía por la hora del día, en qué bar podría encontrarlo y ahí es donde lo encontré. Estaba bebiendo una 'Barecha', la bebida local que te quemará hasta los intestinos. Nuestra peña se reunía todos los lunes por la noche para la cena y todos los miércoles por la mañana para un desayuno seguido de otra cena todos los jueves por la noche. Hombre, Daniel, dijo, y sus ojos se iluminaron, me alegro verte. ¿Puedo hablar contigo, Viejo? le pregunté, bajo cuatro ojos. Por supuesto, contestó el viejo, dime lo que piensas. Viejo, le dije, no estaré en la peña por algún tiempo, semanas más bien.

Cómo es eso posible, dijo el viejo, Debes cumplir con tus obligaciones, no puedes irte así nada más. Voy a una peregrinación, le expliqué, a Santiago. ¿Con quién vas a viajar? preguntó el presidente de nuestra peña. Con nadie, me dijo, voy por mi cuenta. 'Dios mío', dijo el viejo e hizo la señal de la cruz, eso no suena como una buena idea, y volvió a realizar la señal de la cruz. Cuando llegues, piensa en mí y hazme saber cuando lo logres. Cada jueves por la noche llevaremos a cabo un brindis por ti a las 8.00 en punto, en la peña. Yo estaré en medio de ustedes aunque estaré lejos, le contesté. Estás siempre en nuestro corazón y en medio de nosotros, dijo el viejo. Llamó a un camarero que pasaba: tráeme tu mejor vino. Volviendo de nuevo a mí, dijo, bebe un poco de vino conmigo, y luego ve en paz y que el Señor te cuide mucho.

Las uvas se estaban formando en los campos. La tierra no requeriría trabajo durante algún tiempo. Me aseguré de que hubiera suficiente forraje para los caballos y le dije al amor de mi vida, que comenzaría mi caminata el día siguiente. No, dijo ella, tú no puedes, prometiste que te quedarías hasta el cumpleaños de tu hija. Pero estoy en este día, le dije. Mañana me voy por unas horas, luego te llamaré y puedes venir a recogerme y dormiré en casa. Entonces vamos a tomar un café por la mañana, y me llevarás a donde me recogiste y voy caminar desde allí en adelante, y te llamaré de nuevo. Cuando ya no vuelva a casa, caminaré y habré recorrido una distancia considerable. Compensaré el tiempo perdido para el cumpleaños de nuestra hija.

Fue una buena manera de introducirme en el ritmo de la caminata y cuatro días antes del cumpleaños de mi hija, empecé a caminar el Camino de Santiago. Me sirvió como un segundo objetivo importante, estaba gastando mis zapatos. Después del primer día de caminar, me puse mis zapatos viejos otra vez, alternando zapatos cada día. Nunca me había dado cuenta desde el coche, pero la carretera que conduce al Sur era un camino ascendente lento, por lo que te da sed y te hace beber mucho más de lo que esperabas. Una carretera con una larga subida, la cual es lógica, ya que sube hacia la provincia de Granada, donde tienes que cruzar la Sierra Nevada. Fueron buenos días, en los que disfrutábamos como nunca de nuestra compañía cuando reencontrábamos, dulzura, amor, horas en las que nos costaba mucho pensar que teníamos que despedirnos. Al día siguiente era el cumpleaños de mi hija, y entonces emprendería el camino donde nadie va.

Cuando el coche se alejaba de mí, me sentí de repente viejo y abandonado. Había salido de la vida de mi amada a 'el camino donde nadie va'. Allí iba, mi señora valiente, acompañada de mi vecino que vino a despedirse, alejándose y poniendo distancia entre nosotros. Me di cuenta de que era realmente al revés, ellos se quedaban y yo era el que se iba. Su tiempo pasaría, como siempre, de la misma manera. Para mí cada minuto que pasaba iba a ser diferente. Vi cómo se convertían en un punto en el horizonte para finalmente desaparecer en una colina. Suspiré profundamente, caminé y tomé mis primeros pasos hacia la tumba de Santiago.

Al pasar Serón puedes discernir los contornos de los 'molinos de viento de energía verde' en las colinas con forma de pezuña que rodean el pueblo de Hijate. Nunca las había visto antes, pero estas eran las supuestas estribaciones de la Sierra Nevada. Tenía sentido porque capturaban más viento desde allí, en su aislamiento desnudo. Estaba caminando por el arcén de una carretera nacional contra el tráfico. Al pasar Baza todo cambiaría. Yo había visto eso en una de mis muchas noches preparando la trayectoria con la ayuda de Google.

Puedes tomar la carretera a Granada, que no pude porque no puedes ir a pie, o puedes ir directamente hacia las montañas en un pequeño camino rural, que ha estado allí desde tiempos inmemoriales, que conecta con los pueblos dispersos en las montañas. Me tomaría más de un par de crestas altas, pero me dirigiría más hacia dónde iba. La carretera tiene un gran desvío, eligiendo siempre los rectos entre las montañas, que abarcan más kilómetros y permitiendo que los coches compensen eso al conducir a velocidad máxima. Caminaría desde Baza a Andújar y finalmente por Campanario, llegar a Cáceres.

Si tan sólo llegara a Cáceres, entonces habría cubierto más de la mitad de la distancia de mi objetivo fi nal. Entonces tendría 600 de los 1000 kilómetros detrás de mí.

La velocidad de tu avance es igual de alta a lo largo de la autopista, y lo largo de un camino rural. Me había comprado un reloj barato en el mercado en mi pueblo antes de salir y empecé a calcular cuál era la velocidad de mi caminar y qué tan lejos estaba Baza. En los primeros días mis pensamientos revoloteaban como hojas en el viento. Al pasar Caniles entré en una zona plana, había llegado a una meseta donde una llanura se había producido por falta de montañas hasta donde el ojo alcanzaría. El camino ahora se cortaba por acres de tierras de trigo. Después de muchas comparaciones con señales de tráfico y cálculos, establecí mi velocidad a 6 kilómetros por hora.

En realidad, la fascinación por el tiempo y la distancia y los interminables cálculos relativos a la trayectoria no era más que una forma mental de la resistencia a la idea de la carretera, con muchos kilómetros, que tenía por delante de mí. El torbellino de mis pensamientos, me llevaría a mi pueblo y luego otra vez a los recuerdos de mis hijos, desde el momento en que eran jóvenes, disfrutando de un día de fiesta o un picnic. La disciplina, tan importante para un "viajero", aún no se había presentado. Me había propuesto, pero seguía siendo el hombre moderno, con mi cabeza involucrada en los problemas modernos. Aún no me había librado a mí mismo de mi entorno. Mirando hacia atrás ahora, entiendo lo lejos que nos encontramos, debido a nuestras preocupaciones diarias, de la persona real que somos, en toda nuestra desnudez. Enmascarados más allá del reconocimiento, trotamos por la vida. Nos pusimos las máscaras nosotros mismos o a medida que nos daban, pero a cuántas personas les mostramos lo vulnerables que somos, a muy pocos me imagino.

Me hizo pensar en mi profesor de filosofía, que era de mi edad ahora, cuando tenía diecisiete años. Él solía decir: en relación con el alma, si vuelas a un destino en avión, tu alma va a llegar días más tarde en diligencia. Me di cuenta de que había estado en lo correcto. Estaba claro que mi alma estaba en algún lugar detrás de mí y que luego me alcanzaría, pero todavía no. ¡Mi buen Señor, cómo me alcanzará mi alma finalmente! Tomó días antes de que camináramos en armonía.

Mientras pasaba el tiempo sentía menos necesidad de consultar mi reloj o hacer numerosos cálculos sobre la distancia recorrida, digamos, que simplemente te alejas. Por cada paso una conciencia crecía de mi entorno real. Notas que los coches que silban cuando pasan cerca de ti, huelen muy mal. ¿Cómo puedes contemplar la vida como peregrino si siempre que un coche pasa tan de cerca, se siente la succión del vehículo que te tienta? Después de media hora caminando, saqué a mi amigo, el bastón bajo el brazo. Había tantas cosas donde tendrías que crecer, no mantienes tu bastón por mucho tiempo en tu mano, impide a que avances o te hace más lento.

Sostienes tu bastón apuntando hacia adelante con parte de él bajo tu axila y el final de él flotando por encima del suelo. Colocas una mano sobre la otra muñeca como soporte y parecería desde lejos que estabas preparando una escopeta en la parte interior del brazo. Al igual que las fotos que todos hemos visto de los cazadores que llevan una pistola mientras avanzan a través de un campo. Cuando el brazo de soporte se cansa, cambias los lados y brazos. Hay mucho que aprender antes de que el caminar se convierta en un mecanismo automático, uno que se adapte a tu cuerpo y tu sentido de equilibrio.

Más allá de la gran rotonda, en las afueras del pueblo, me saludó un letrero que me daba la bienvenida al territorio municipal de Baza. Y era más transitado que en toda la carretera, donde había estado caminando. Apenas hay aceras en los pequeños pueblos españoles hasta que llegas al centro. La gran aventura ahora, como peregrino, se quedaba con vida y te aseguraba que no ibas a ser golpeado por un ciclomotor, un camión o un coche a toda velocidad. Yo había estado en Baza antes, pero nunca me había dado cuenta de lo peligroso que era acercarse al pueblo a pie.

Una vez en Baza apenas si había tráfico, el antiguo centro se había construido en una época donde ser dueño de un burro era un lujo y las calles eran de la era donde los vehículos motorizados aún no se habían inventado. Necesitaba una buena taza de café, pensé y miré a mi alrededor para ver donde podría obtener una. Puedes elegir muchos bares en cualquier centro del pueblo español, pero nada es tan fácil como parece a primera vista. Entras a un bar y dices una taza de café negro, por favor, luego, comienza la lucha. Tratas de librar un brazo de tu mochila y dejas que se deslice más allá de ti en el suelo. Encuentras un rincón para tu bastón y la mochila y te aseguras de estar cerca de él. Eres un extraño en un pueblo que no es tuyo. Aún no sabes si te pueden robar las cosas en este pueblo. Es el despertar del instinto de alerta que se agudiza en cada pueblo que pasas, a medida que el tiempo te separa de tu hogar.

Despues de mi café, decido si me quedo a pasar la noche, aunque apenas se oculta el sol, o ir a las colinas hasta el pueblo vecino. Sabía que una vez fuera de Baza encontraría el camino rural hasta las montañas. Lleno de valentía tomé la decisión equivocada y salí media hora más tarde, con una sensación alegre, el pueblo con su sabroso café lleno de energía que disminuirá en cada hora. Elegí el camino rural que, caído en desuso y desierto, me llevaría a través de un área de gran belleza natural. Yo había sobreestimado la fuerza de mis pies y me había equivocado con las noches que caen temprano y, sobre todo, no había tenido en cuenta el frío que sobreviene hacia ti una vez que el sol desaparece.

Nos perseguimos a nosotros mismos en la vida sin fin, sobre todo porque somos el reflejo de nosotros mismos con los demás, que se reflejan a sí mismos, a su vez con nosotros. Así es como la vida nos engaña, hasta que nos damos cuenta de ese hecho tan simple y encontramos nuestra propia dirección. Eso podría ir acompañado de dolor y de tropiezo y con levantarse de nuevo, pero eso no tiene importancia, eso es parte de eso, la parte que nos hace 'completos'. El fallecido John Lennon, ya lo había cantado: *'una cosa no puedes ocultar, es cuando tienes defectos por dentro'* y todos tenemos defectos en el interior hasta que nos encontramos. Estar frente a ti podría no llevarte la alegría esperada, ya que la imagen que podría estar frente a ti no puede ser siempre agradable.

Todos tenemos defectos hasta que nos encontramos.

Si tenemos la suerte nos encontraremos con nuestro ser querido en la vida, un ser querido que nos dará mucho de él o de ella, que nos hace completos. En mi última vida 'me entregué vacío' y recibí muy poco a cambio. Mi compañera en esos días no tenía la culpa. Habíamos llegado juntos por razones equivocadas y tú te vas como has llegado, en mi caso vacío. Realmente me había entregado vacío, a un punto en el que casi me convertí en entidad invisible. Nadie tenía la culpa, ni yo ni ella. Todavía conservo los buenos recuerdos de mi vida con ella, pero simplemente no éramos compatibles. Nos conocimos en circunstancias equivocadas y así fue como permaneció. Con todo el dolor involucrado en este tipo de separaciones, los dos tomamos rumbos distintos. Vi el amor de mi vida, tarde en la vida y la reconocí a lo lejos, ésta fue mi compañera, esta era la persona que había dirigido toda mi vida. Sentí tanta Felicidad en mí, me embriagué de alegría, una sensación de que no me ha abandonado desde entonces. Cada vez que veo a mi chica, yo soy como mi perro de peluche, que viene a saludarme por el camino, acompañándome a casa, cinco veces al día, saltando con emoción y mostrando la misma alegría como si la primera vez. Yo había conocido a mi alma gemela.

Esta introducción tiene como objetivo reflexionar sobre esta búsqueda continua de nosotros mismos. Cuando me liberé de las preocupaciones diarias que permitimos que gobiernen nuestras vidas y nada volvería a valorar más, ya nada valoré, y todo se volvió vulnerable, me convertí en una persona y lo que quiero relatar, dicho de la manera más pura posible, directamente del corazón es mi experiencia de esta búsqueda. Si eres un buscador de la verdad y encuentras lo que estás buscando, entonces eres una persona bendecida en realidad y te sentirás seguro y protegido y cuidado por el resto de tus días. Después, a menudo me preguntaba, cuando volví al mundo cínico sobre basado la relación, que endurece el corazón, si algunos de mis relatos habían aparecido por el agotamiento extremo, la lucha febril para llegar a mi meta en el tiempo. Pero ciertamente les digo, era como era, así fue como experimenté mi camino, no tengo otra explicación.

Una vez fuera de Baza, hubo un cambio en el escenario, no había tráfico, era hermoso, con una vista preciosa. El carril se elevaba más que el otro camino en todas sus horas previas. Se podría decir que comenzaba a ser un duro trayecto, entonces por supuesto que debes darte cuenta de que el punto más alto de Sierra Nevada está a más de 2,000 metros de altura. Sientes más el aumento de la carretera en tus espinillas que en las pantorrillas. Supongo que se debió a un ajuste diferente de los tendones. Por momentos cruzas una llanura y después de cierto tiempo me pasé una señal que me informaba que había alcanzado una altitud de 1,300 metros. Es bueno saberlo. Hacia abajo vi un hermoso lago, que fue utilizado como un depósito, una cuenca de drenaje que se llena solo con el agua de fusión de las montañas cubiertas de nieve en la primavera.

Te encuentras con hermosos lagos cuyas existencias no conoces. Dejé de beber de una bebida con empaque de cartón con un oso que bailaba felizmente. Disfruté de mi paseo y el paisaje al máximo aunque el sol había comenzado a establecerse y una brisa fresca bajó de la montaña a reclamar su lugar. Había dejado de calcular distancias y posiblemente me deshice de mi reloj. Me sentí, bueno, "libre" supongo. Después de un tiempo la temperatura empezó a caer y cuando pude ver el último rayo de sol desvanecerse detrás de los picos más altos, la realización amaneció para mí porque no había visto ninguna señal de carretera durante mucho tiempo. Tomé mi teléfono móvil del bolsillo y vi que la zona no estaba cubierta. Ahora sí que me había convertido en un peregrino, solo con mis propios recursos. Nada grave para aquellos que siempre quieren controlar todo lo que les rodea, pero, sin embargo, una sensación de malestar fue creciendo en mí.

Lo sabía, estaba perdido, si te puedes perder, si vas hasta donde yo iba. Decidí seguir el camino y la ley de Murphy que había oído por primera vez acerca de la economía, me hizo mover. Si cuando encuentre un cruce, vas a la izquierda, luego, piensas que debiste tomar la vuelta correcta y viceversa. En otras palabras: si algo puede salir mal, saldrá mal. Horas más tarde todavía estaba siguiendo lo que ahora se había convertido en una pista, el sol se había ocultado y la oscuridad cayó sobre mí. Las noches caen tan rápido en marzo. Me pregunté si era una buena idea, parar y dormir un poco con la espalda contra un árbol y levantarme de nuevo con el primer sol. En algún lugar en la distancia algo estaba aullando a la luna que ahora comenzaba a salir. Sentí que estaba cerca de la muerte. Pensé en acurrucarme como una bola para conservar un poco de calor y pensé en buscar algún lugar para protegerme. Mi nariz estaba fría y apuesto a que estaba helada.

Justo cuando pensé, no puedo soportarlo más, he caminado más de lo previsto, oí en el viento, una ráfaga de música. ¿Fue mi imaginación? Entre tanto, la luna se había convertido en astro luminoso, extendiendo su luz razonablemente sobre la zona y continué en la senda que ahora se ensanchaba en un camino rural de nuevo. La música no era parte de mi imaginación, llegó a mí otra vez por la brisa ligera. Después de unas curvas en la carretera y era muy parecida a la canción de: 'The Eagles', vi la luz brillante, mis pies se volvieron pesados y pensé que tengo que parar por la noche. Había llegado a un cruce y hacia la izquierda había un edificio con luces. Era un bar. Mi corazón dio un salto de alegría, hay gente allí, pensé y caminé hasta la puerta.

Era un bar y había llegado a tiempo, la nieve comenzó a flotar a medida que entraba en la puerta, una ráfaga de calor me llegó desde la estufa del interior. Un grupo de agricultores bebía en el bar y un tocadiscos interpretaba canciones de amor perdido. Estaba protegido, había guardias. Oye, ¿quién eres tú? el propietario quiso saber, mirando con sorpresa mi apariencia y saliendo de la oscuridad. Peregrino soy y a Santiago voy, respondí que es la respuesta del peregrino estándar. Acércate al fuego, dijo el barman, te ves absolutamente congelado. 'Sopa', gritó hacia la cocina y alguien me dio más tarde un plato de sopa. La sopa y el calor me hicieron sentir somnoliento, ahora ya no eran mis pies que pesaban sino mis ojos.

¿Puedo dormir en el suelo por favor? Pregunté. Me habré ido mañana por la mañana. No, dijo el propietario, de ninguna manera. Hay mejores lugares para un peregrino, justo detrás del bar hay un refugio, un refugio propiedad de la iglesia, que tiene una cama y todo. Dame un minuto y voy a mostrarte el camino. Puso sus cervezas delante de dos agricultores y caminó por delante de mí hacia algo que se parecía a un establo. Aquí hay agua y allí está tu cama, y señaló felizmente y sonriendo con orgullo cuatro literas. Cuánto te debo, le pregunté, por la sopa y todo. Nada, dijo el propietario, sólo dame tu bendición. Yo no puedo, le dije, yo no soy un sacerdote. En ese caso, recuérdame en la tumba del apóstol, dijo. Lo haré, le contestó y lo hice semanas más tarde. La única ventana del minúsculo refugio estaba cubierta de hielo. Decidí no quitarme la ropa y me arrastré debajo de las mantas de pelo de caballo y me dormí antes de posar la cabeza.

Las flores frías y congeladas en el interior del cristal de la ventana, me hicieron pensar en un momento, hace muchos años, cuando de niño me quedé un fin de semana en la casa de mi abuelo. Si te levantas de la cama y pisas las baldosas frías, a primera hora de la mañana, te congelas. No había calefacción central en esos días. Miré a mi alrededor y me di cuenta de unas cuantas imágenes de devoción, una vela y una caja de donación para aquellos que querían apoyar la gestión y limpieza del lugar. Yo no tenía que afeitarme, porque no afeitarse era parte de la promesa que había hecho antes de comenzar. Me cepillé los dientes y miré afuera, a pesar de que eran las siete, todavía estaba oscuro. Tomé mi mochila y el programa que estuvo suspendido toda la noche, había recibido intro y estaba en mi camino de nuevo.

Así que salí de la cama, caminé con mis pies cubiertos, comí una barrita energética, tomé una bebida con el osito bailarín, me cepillé los dientes, me puse los zapatos. El aire era agudo y cortante y una fi na capa de escarcha había cubierto el mundo. Un rayo de luz explotó en el cielo y una bola de fuego surgió en la oscuridad. Observa, pensé, el nacimiento de un nuevo día, era un pensamiento alegre, pronto se calentará. Yo había conocido en mi vida a muchas personas con un buen estado de ánimo por la mañana, resistiendo al máximo, la promesa de que un nuevo día trae algo consigo. En forma de línea un viejo himno vino a la mente, 'el amanecer ha llegado al este y su luz está brillando en todas partes' y empecé a cantar. No sentí vergüenza al hacerlo, no había nadie que me escuchara, e incluso si lo hubiera, todavía lo habría cantado. Los versos hicieron una buena caminata, el ritmo era adictivo en el verso. Una cadencia agradable, al igual que hace la música militar a los militares, me imagino. Aparte de la cadencia que era agradable para caminar, era una canción de alabanza que derramé a mi alrededor, que pasa a través de los campos y que da gracias a la creación, de alguna manera me sentía bien. El hombre es musical por naturaleza, pero lo ignoramos. Decidí que a partir de ese día, empezaría el día con un par de canciones de alabanza.A lo lejos uno ahora podía ver al ex granjero Daniel, a una corta distancia, un peregrino, caminando a través de los campos, cautivado por la belelza y en estado de exaltación de la mente, cantando himnos. 'Una fortaleza, es nuestro Señor', seguido de un 'Gloria in excelsis Deo'.

Si sus amigos le hubieran pronosticado eso para él unos meses antes, se habría reído en su cara. Pero estar en la oscuridad y en medio de la naturaleza y ser vulnerables a su entorno, te pasa a ti. Se busca la protección, recitando un conjuro, y por otro lado es bueno alabar lo que aprecias. Es curioso cómo te abres para ti mismo mientras viajas.

Cuando estás caminando, no dejas de pensar y la meta a dónde quieres llegar, infuirá en tu línea de pensamiento. Si por ejemplo, vas a las carreras de motocicletas, que se celebran cada año en Assen, entonces es más probable que tus pensamientos se centren en las carreras o en los tipos de motos que verás allí. Es lógico entonces, que si estás caminando a la tumba del apóstol en Santiago de Compostela, el lugar más venerado y sagrado en España, tus pensamientos se verán influenciados por ideas religiosas. Inconscientemente, colocas lo que ves en un marco religioso y como no hay nadie junto a ti para corregir tu línea de pensamiento o para impugnarlo, incrementa.

Verás que alabarás o apreciarás cualquier cosa que te agrade. En la distancia verás una montaña con un velo de nubes que se aferran a él y automáticamente piensas: 'Gracias Señor, es una buena montaña' y mientras tanto sigues caminando. En un momento dado una buena idea se me ocurrió, si viera algo de excepcional belleza, me gustaría extender mis brazos un poco y cargaría mis baterías, pensaría: *que esta bondad se convierta en parte de mí.* Me gustaría tratar de almacenar lo agradable del viaje en mí. Y cuando esté cargado con todo lo que es agradable y bueno y todo lo que aparezca ante la tumba del apóstol, alzaría mis manos, bendeciré la tumba, descargando todo el bien en mi interior y realizaré el ritual de libación y rogaré favor del santo. Como ves, es cómo piensan los viejos gerentes retirados, los que no están sujetos de su existencia terrenal. Queremos dictar procedimientos, pero créanme que no es como la vida continúa.

Mientras tanto había estado caminando durante muchas, muchas horas y no parecía que yo estuviera cantando himnos, yo estaba enriqueciendo mi alma con las imágenes de los grandes paisajes que miraba. A veces, ahora, estaba sin pensamientos de cualquier profundidad y en estos momentos notabas la correa de tu mochila que cortaba tu hombro, o el bastón que mantenías constantemente suspendido por encima del suelo, con el apoyo de su mano y piensas, en la próxima parada, ajustaré la correa. He resuelto un montón de cuestiones filosóficas, las que yo había aparcado durante unos años y para las que nunca había apartado un tiempo. Comprendí entonces por qué los monjes toman un voto de silencio en ciertas abadías.

Caminar por muchas horas en silencio y sin reunión o dejar de hablar con alguien por un momento da espacio a tus pensamientos internos. Qué lujo, podrías simplemente reflexionar sobre el sentido de la vida o tus relaciones pasadas. Un pensamiento surgió de algún lugar profundo bajo la superficie del razonamiento cotidiano. ¿No era un hecho que los profetas a menudo habían ido a la soledad del desierto por un período para ayunar y contemplar? Pensé que con certeza se entregaron vacíos y tuvieron que recargar su ser espiritual, como yo lo hago. Cristo incluso fue por un período de cuarenta días. Había llegado a entender el propósito y el porqué de ascetismo.

Llegué a la parte más alta de la cordillera y había copos de nieve que flotaban en un cielo gris. Al contemplar las religiones del mundo, puedes ver las interfaces entre ellas. La vieja manera de celebrar el carnaval católico, precedido por un período de contemplación y ayuno, en los viejos días de todos modos, era en realidad una forma de negarse a sí mismo, lo que más te gusta, y celebrar el final de ese período de una manera exuberante. El islámico 'Ramadán', no difiere mucho en ese sentido, no hay comida ni bebida hasta las horas después del atardecer. Ser más humildes, mostrando un poco de humildad, viviendo por un momento en modestia, una penitencia. Retrocediendo un poco del ajetreo y el bullicio y búscate a ti mismo. Mientras tanto ya había caminado seis horas y no había visto ninguna señal, lo que indica que no me estaba acercando a ninguna forma de civilización.

Me senté en una piedra, debajo de un árbol y abrí mi mochila. Tomé una bebida con el oso bailarín y dos barritas energéticas. Sabía por el ángulo del sol que me estaba moviendo en la dirección correcta. Tenía que viajar hacia el noroeste y el sol sale por el este. Alrededor del mediodía el sol alcanza su cenit y sabes que está en el oeste. Si los cielos se ensancharan más, entonces perdería ese faro. Tenía la esperanza de encontrar una aldea o una granja. Todavía no tenía cobertura en mi teléfono, asumí que no había muchas antenas.

Un petirrojo me observa desde una distancia segura con curiosidad. Le lancé unas migajas de mi comida. Se hundieron en la nieve. Comenzó a picotear alegremente con la cabeza medio inclinada hacia mí. Saltó un poco y no parecía estar tímido. Seguí normal, pensé, no establecí ningún tipo de amenaza para él, es como si no estuviera allí. El segundo pensamiento que surgió menos reconfortante, tal vez nunca se había encontrado con gente, fue un pensamiento poco preocupante. Saltó un poco más y luego salió chirriando al abismo, que estaba a 20 metros de mí. ¿Por qué no voló? me pregunté. Entonces sentí piel de gallina, estaba tratando de comunicarme algo. Algo parece extraño, pensé, pero me levanté y caminé hacia el borde y en el fondo vi una aldea...

Después de cada camino siempre hay una ciudad más' una vieja canción resonaba su recorrido a partir de la vereda de los recuerdos. Había sido un éxito en los años sesenta, escrita por Merle Haggert y se llamaba "el fugitivo". Al igual que en la canción, sería bueno estar entre la gente por un corto tiempo de nuevo. El camino había llegado a una empinada bajada. Soy el hombre de las montañas, sonreí. 'Me gustaría quedarme pero ellos no me dejarán, yo vivo mi vida al igual que un piedra movediza. Una cosa u otra desaparecieron del carril de la memoria y, a continuación, 'el viajero cansado y solo'. ¿De dónde vienen los recuerdos? Los recuerdos que se aplican de alguna forma asociativa a tu situación actual y simplemente no se pueden desconectar y llegar de muy lejos, de años pasados. La mente humana es un milagro. La nieve ligera se había convertido en una nieve pesada.

El camino claramente descendía, podías sentirlo en las espinillas por cada paso que dabas. Un ligero tirón de los tendones mientras caminas. Las personas tienden a tener un sentimiento muy puro de equilibrio, pero vivir en una sociedad que nivela todo, que se construye, con niveles de espíritu, pronto te da sueño. Cada suelo y cada camino o banqueta que se convierte en algo ponen el nivel de espíritu en la sociedad. El hábitat natural es tan diferente de nuestro hábitat moderno. Inconscientemente nuestros cuerpos encuentran el equilibrio al cual se ajustan, desde el momento en que hemos aprendido a dar nuestros primeros pasos. El cuerpo humano ha sido bendecido con un maravilloso sistema de equilibrio que se ajusta automáticamente a la carretera que seguimos. Por un descenso brusco el cuerpo se inclina automáticamente hacia atrás y por un camino ascendente tiendes a inclinarte hacia adelante. Sin ser consciente de ello, puedes sentirlo en las espinillas o en las pantorrillas. Somos el animal que camina erguido, la evolución se traiciona a sí misma en nosotros, sin embargo, se encuentran vestigios actuales, de un momento en que nuestro desplazamiento era diferente, restos que no han sido borrados de nuestra memoria genética. Hay movimientos involuntarios que nos traicionan que han caminado en cuatro patas en un pasado no tan lejano. Si tu pie derecho da un paso adelante, entonces automáticamente tu brazo opuesto y tu brazo izquierdo siguen su ejemplo. Y por lo que caminar como el tipo de variante de animal, lo que somos, me acerqué a las afueras de un pueblo.

Entré en un bar y dije: 'buenas', como si no hubiera estado allí, nadie respondió. La hermosa camarera estaba charlando alegremente con un grupo de jóvenes. Había grupos dispersos de agricultores bebiendo y riendo. La televisión estaba mostrando algunos concursos sin sentido con un anfitrión que era demasiado jovial. Un 'niño teflón', rápido, elegante y vacío. Como si no existiera. Nadie levantó la vista ni nadie me miró, como si la puerta no se hubiera abierto. Supuse que era siempre la misma multitud que se reunía allí. Me sentía como el hombre invisible. ¿Era esto lo que había estado esperando? Traté de llamar la atención de la chica, realmente quería un café, pero ella estaba demasiado ocupada charlando con unos jóvenes hijos de agricultores.

Por fin me acerqué a su grupo de admiradores y le pedí si podía tomar una taza de café, '¿un café solo?' En un minuto, dijo sin mirarme. Yo era un don nadie aquí, nadie me conocía, no era mi pueblo. Ella primero terminó su historia con los 'galanes' y luego pulsó el botón de la máquina de café. Mientras tanto ella empezó a hablar de nuevo, medio volteó, con los machos jóvenes, para mantener su atención. Tú eras sólo el desconocido sin afeitar, de paso. No había futuro contigo aquí y solo has pedido una taza de café. Si busco en mi mochila ella sabrá inmediatamente que soy un ave de paso, no era de interés. Ella me había examinado de un solo vistazo. Las personas examinan a otras en un nanosegundo. Esto era, por supuesto, una comunidad cerrada y yo era un extraño. Así es como me sentí tratado y así es como me sentía. No tenía nada que ver allí, yo no era parte de su vida o su mundo. En mi pueblo, a cualquier bar que iba, siempre me saludan por caras amables y siempre hay un vecino o amigo agricultor amigable con quien compartir un café.

Acabo de aprender una lección importante, fuera de tu grupo, no eres nada, un don nadie.

Todas las pequeñas aldeas tienen un refugio propiedad de la iglesia, que ocupa una posición dominante en España. Por lo general, es primitivo, una cocina, un par de ollas y sartenes y una cama. Entré en una tienda de comestibles y miré alrededor. El tendero sintió el olor a negocios y era muy amigable. Muy diferente a los del bar que acababa de dejar atrás y donde podías ver el verdadero pueblo en toda su fealdad contra cualquier influencia extraña. Si pudiera ser de ayuda, me preguntó. Una lata de alubias, por favor, respondí, y señaló un estante detrás de mí. Había dos tipos de latas, una con judías blancas y otra con alubias. Fui por las alubias sabiendo que iban a contener más proteínas. En el mostrador vi una pila de periódicos. ¡**Jaén**! Estaba en la provincia de Jaén, había cruzado sin darme cuenta la frontera, más allá de algunas crestas de las montañas a través de una pista que nunca me gustaría volver a encontrar. '¿hay refugio aquí?' Le pregunté al tendero. Oh sí, él sonrió, no te puedes perder. A unas cuantas calles de la ciudad, encontrarás un refugio de una iglesia.

Hay refugios, si sabes lo que quiero decir. Era un refugio como nombre, pero era más como un escondite. Un montón de piedras apiladas con un techo encima de él, muy parecido a una 36San Daniëlcueva de un ermitaño. Había un grifo de agua, una cocina y una cama. Había una nota con instrucciones clavada en el interior de la puerta. Puedes pasar una noche. Antes de salir debes barrer el suelo. Miré a mi alrededor y vi a una escoba bien utilizada. Debes limpiar los platos y había una advertencia que el pueblo no toleraría vagabundos o gitanos. Una provincia muy acogedora, Jaén. Supongo que habían sufrido algunas experiencias malas. Calenté las alubias y comía directamente de la lata con una cuchara y de inmediato limpié todo. Me acomodé para descansar y me quedó dormido, y mi sueño se llenó de imágenes de otro mundo, ahora tan lejos. Mis adorables campos derramando uvas. Mi amada y mis amigos en el pueblo. Mi perro el viejo Teddy, que siempre venía corriendo hacia mí para saludarme, lleno de alegría y emoción. Un extraño sueño lleno de melancolía de un 'lugar lejano'...

Después de un tiempo te conviertes en un espíritu libre, sólo tienes que seguir tu corazón y tus pasos y nada puede avergonzarte, te has convertido en real. Sólo una cuestión queda en tu camino a la tumba: la purifi cación. Reconociendo tus propios defectos, aquellos actos que eran excesivos en tu vida o de aquellos que te arrepientes porque estaban mal. La búsqueda del peregrino no sirve para nada si no viene limpio, si no se purifi ca y cuando la revelación viene a ti y aceptas la gracia, entonces el mundo se derrumba bajo tus pies. No puedes comprender cómo fueron todos esos años que estabas viendo y escuchando, te convertiste en la persona nueva, renaciste. Tú mismo eres Adán el Alfa y la Omega.

Eres el profeta y el peregrino y lo muestras, porque has tocado la base y te has convertido en bendito.

Nuevamente estoy en el camino otra vez
*   Y el viaje en el camino es largo y peligroso,*
*   estoy en el camino otra vez*
*   y mi madre dijo que por favor tuviera piedad,*
*   ten piedad de mi hijo malvado.* (Canned Heat: en el camino otra vez 1968)

Das un paso más y ya estás en el camino otra vez, en tu camino hacia la tumba, solo, con tus reflexiones sobre la vida y tus pensamientos. Tu corriente asociativa de los canales de pensamiento en todas partes. Un día, se convierte en el siguiente, siempre caminando hacia la tumba. Siempre comienzas, ahora sabía, por experiencia, con un buen ritmo de 6 kilómetros por hora, pero al final del día sólo vería 3 difíciles kilómetros por hora. Uno sólo cubriría entre 30 a 35 kilómetros por día. Siempre sales temprano de un refugio y solo tienes 12 horas hasta el anochecer. Al final del día, no habrás cubierto tus 12x = 72 kilómetros, sino un promedio de 30 kilómetros más o menos.

No serías un peregrino si no estuvieras abierto a las cuestiones más alejadas de este mundo. La cadencia de tus pasos que toman el ritmo como un tren, pasan a través de las conexiones ferroviarias. Te darás cuenta y no te darás cuenta. Llegué a una encrucijada y me cargué con todo 'lo que era bueno y lleno de belleza'. Ahora había llegado, después de tantos días de caminata, a una zona arbórea. Arboles altos que no te dejan ver otra cosa. Había cruzado algún lugar, en algún momento detrás de mí, la línea fronteriza entre la provincia de Jaén y Extremadura. Una provincia que significaba: "Extremadamente difícil" y probablemente era un nombre bien elegido. Era una provincia que se ajusta a la descripción del típico pueblo rústico, con granjas, granjas de tierra y exuberante vegetación, casi sin medios de subsistencia a excepción de la agricultura, acosadas por los abrasadores veranos calurosos. Era tan verde, porque todavía estábamos a principios de primavera.

De la nada llegué a la encrucijada, dos caminos rurales que se unían y continuaban en diversas direcciones. Un cruce de caminos, mi voz interior dijo, no es sólo una unión de dos caminos. Hay un punto en el centro, donde todo pasa. Un lugar de encuentro, de energía, me imagino. No es casualidad que un altar en una iglesia siempre se encuentre donde el ancho y el largo de la iglesia se cruzan, formando una cruz. Cuando los asuntos se cruzan, pensé, muchas cosas pasan. Me hizo pensar en una conferencia, hace muchos años, durante mi estudio de la literatura histórica.

Me acerqué más y más, pero mis recuerdos me habían transportado a la época de la felicidad despreocupada, sentado en Ámsterdam en el pozo del conocimiento, a los pies de nuestra profesora Hannah, nuestra profesora de literatura histórica. Qué momento tan bonito. Sólo 12 de nosotros, qué privilegio fue en aquellos días. El mundo académico con todas sus garantías. Adquieres nuevos conocimientos, lo investigas, lo repites y tenías una recompensa al final. Hannah nos enseñó a cuestionar los viejos textos, buscando y examinando lo que se transmitía con ojos cambiantes desde diferentes puntos de vista. Ella nos enseñó a plantear o formular preguntas correctas para obtener más información sobre el tiempo del texto.

Perfeccionó y agudizó nuestras capacidades. 'Examinen cualquier obra de arte de la Edad Media y planteen la pregunta correcta', decía, y encontrarán mucho sobre el espíritu de esa edad en particular. Ella nos instaba a investigar las respuestas que encontramos y a publicar un artículo sobre el mismo, trabajando en una tesis. En una de esas conferencias, nos habló sobre el simbolismo cristiano. Si ves una imagen de Cristo o de un santo que hace un gesto de expresión, era claro para el hombre medieval que un mensaje se estaba transmitiendo. El gesto de transmisión es siempre una mano sobre el área del corazón, y la otra mano levantada con dos dedos apuntando al cielo.

El gesto simboliza que el 'predicador' llegó en paz y que tiene un mensaje veraz. La bendición tiene como símbolo las manos levantadas, transmitiendo una fuerza, de un poder más alto a alguien. Abrazar a una persona a lo lejos, la muestra de la amistad, la carga de ti mismo con la belleza que contemplas, todo sucede con un mismo gesto. El santo tiene las manos extendidas por su cuerpo. La semiótica y el simbolismo no solo pertenecen al cristianismo. Cuando Buda hace el gesto de la concepción, transmite la semilla de sus enseñanzas que se dispersa, el dedo índice toca sobre una mano abierta el pulgar. Un musulmán, cuando te saluda con un 'shalem la como em', ofrecerá su mano izquierda extendida y con su mano derecha hará un gesto que pasa cerca de su corazón (veracidad), pasando la mano por la boca (no hablaré maldad alguna) y tocando finalmente su frente, (no tengo malos pensamientos sobre ti), que es todo bastante agradable. Si ofreces tu mano izquierda y tu mano derecha está ocupada en este rito, entonces es obvio que no ocultas ninguna arma y eres inofensivo o inocente.

Cuando te ejercitas, sólo puedes levantar una pesa de gimnasia hasta que te cansas. Tu bendición es valiosa cuando te recargas. Puedes transmitir la energía, si tienes poder. Si acabaste tu energía, deberás esperar un momento. Al caminar hora tras hora, me convencí de estos asuntos. Por alguna razón los profetas, a veces, tenían días de exilio auto infligido, ayunando y preparándose para llevar un mensaje en nombre de un poder superior. Así que caminé y entonces me recargué, alabando la creación en todo lugar. Quería ser fuerte y estar lleno de bondad cuando apareciera ante la tumba del apóstol. Mientras caminaba, hablaba en voz alta, decía cosas como; 'perdóname si he ofendido a mi prójimo' o 'perdóname cuando traté mal a mi hermano' o hasta 'perdóname por haber odiado a nuestro perro Foofer'. Si la gente de mi pueblo pudiera verme caminar y murmurar en mi trayecto hacia la tumba, habrían sacudido su cabeza con lástima y me hubiera comprometido. Yo, sin embargo, sentía que estaba en contacto con el universo y que estaba limpiando los años detrás de mí. Debido a mis malas acciones, ahora me lamento.

Bendito es él, bendito es él, el deja vu. Había empezado a lloviznar ahora y me mojé y estaba muerto de cansancio. Después de una hora de escupir todos mis males, la máquina de confesión agotó todas las malas obras y se ralentizó. Estaba vacío. Mi mente y mi espíritu estaban vacíos. Caminé y caminé y seguí caminando y comencé a cantar: 'bendito es él, bendito es él, el que viene en nombre del Señor', cuando doblé una esquina pasando algunas formaciones rocosas y el espectáculo que se revelaba del camino delante de mí me golpeó como un rayo. Era el camino de mi sueño inicial de hace varias semanas. Las palabras se atascaron en mi garganta y apenas podía caminar. El aire se hizo denso y pesado alrededor de mis pies. Tomé mi bastón para encontrar apoyo, pero me tropecé y caí boca abajo, mis manos se extendieron frente a mí. En el conocimiento, estaba limpio y yo era el que estaba caminando en nombre del Señor. Me habían limpiado. Empecé a llorar y me senté allí por un momento, un viejo amigo lloraba las lágrimas de la vida y levanté la cabeza y miré hacia arriba y la lluvia dulce, como la suave mano de mi madre, lavó la tierra de mi rostro...

La nueva persona se arrastra hacia delante, está refinada y solo añade una acción más a su rutina diaria. Tiene, porque no hay otra alternativa, que atravesar un terreno abandonado 'La ruta de la Plata' y encontrará ahí su último obstáculo del mal que le querrá hacer abandonar su camino. Hacerle abandonar su promesa de una manera horrible. Faltó muy poco para no lograr el objetivo. Al amigo se le brinda la mano y al mal se le canta victoria, pero sólo cuando el camino santo es pisado.

Allí iba San Daniel caminando sobre una llanura, y siguiendo un arroyo, entré a través del camino de la antigua ciudadela, Cáceres. El sendero se convirtió en un antiguo camino que conduce directo a 'casco antiguo', el centro medieval. Fue construido en contra una colina y ofrece unas vistas maravillosas. La plaza principal, frente a la ermita estaba llena de bares y terrazas, no muy concurrida en esta época del año, pero uno podía imaginar cómo sería el bullicio de los turistas en el verano. Decidí ir en busca de comida, una comida de verdad, no una lata de alubias o un montón de barritas energéticas. Primero hice la señal de la cruz, al ver la torre de una antigua iglesia con una cruz en la parte superior de la misma. Dando respeto. La gente es compulsiva y desarrollan ritos. Con mis ojos clavados en la cruz le dije: 'salva a mi amor'. No era por piedad, era una petición. Yo había estado haciendo esto durante horas, ahora, cada vez que encontraba una iglesia, una capilla o una cruz. Si entraba a una pequeña aldea con un monumento de piedra de una cruz, me ponía de rodillas delante de él y decía: 'salva a mi amor', no por piedad, sino una petición. Una petición anticipada del favor que le suplicaría a la tumba.

Ordené un plato con algunas verduras y carne y una botella de agua. El camarero empezó una conversación para pasar el tiempo. Peregrino, me preguntó. Peregrino soy y a Santiago me voy, le contesté. Eso es lo que voy a hacer algún día, el camarero respondió. Puedes ver cómo regresas a la ciudad, la gente no tenía idea de cómo era en realidad, sólo tenían alguna ilusión idílica vaga de lo bonito que sería, no para trabajar, sino pasar el día paseando.

Te has adelantado un poco en este año, el camarero continuó, ¿irás hasta la 'Ruta de plata'? Nunca había oído hablar de esa ruta antes, así que le pregunté, ¿sería el mismo que el Camino de Santiago? No, respondió el hombre mientras encendía un cigarrillo y se sentó a la mesa junto a mí. Es la vieja ruta de la plata que se origina de la Edad Media, fue utilizada para transportar oro robado y plata de las colonias. ¿Dónde comienza y por qué debería tomarla? le pregunté. La Ruta de plata se conecta al comenzar el Camino de Santiago, el camarero respondió pensativo.

El Camino es una antigua calzada romana y es utilizado por los verdaderos peregrinos. La Ruta de Plata, tomándola desde aquí, acortaría tu distancia, sería como un atajo, pero tendrás que atravesar una región desolada. Realmente no deberías cruzarlo solo. Ahora, desde hace algunos años, se está convirtiendo en un una atracción turística, pero eso es cierto para la primera parte de la 'Ruta'. Una vez conectado con el Camino de Santiago, las señales te guiarán hasta Santiago. De vez en cuando como un marcador, para mostrarte que aún estás siguiendo la dirección correcta, verás la señal de la concha o una flecha, siempre de amarillo y azul. No te puedes perder. En los cruces e intersecciones verás una piedra con una concha o una flecha que te guiará. ¡Poco sabia!

Sigue la dirección a Salamanca, y llegarás a la Ruta de plata, dijo el camarero, Yo no iría allí solo. ¿Por qué no irías solo? le pregunté. Oh, bueno, probablemente sea una superstición local, pero la gente de por aquí tiende a llamarlo el camino del diablo, con eso es suficiente, dijo el camarero, pensativo y se levantó para despejar algunas mesas. Cuando salí él me llamó, deseándome: Ten un buen viaje. Gracias le grité, y levanté la mano para saludarlo y me alejé de su vida.

Después de haber caminado durante muchas horas, bajo un cielo cubierto, llegué a un pequeño pueblo. Todos llevaban batas azules, típico de una comunidad de granjeros. Me di cuenta que las mujeres y los niños y los hombres llevaban batas azules y todo el mundo se dio cuenta de que yo no llevaba nada. Vi un cartel colgando por la calle. Un cartel con una taza de café humeante en él. Eso sería agradable, pensé lo que podría hacer con una buena taza de café. No había fi n para mi buena suerte, ese día. El establecimiento tenía un local con internet. Donde pones algunas monedas y tienes acceso a internet y el mundo exterior. Tomé un sorbo de café, y puse unas monedas, pero la máquina era muy lenta, tardó siglos en conectarse. No me importó, aquí estaba yo con una taza de café en la mano y a punto de ponerme en contacto con mi esposa. Pude enviarle un mensaje a pesar de la velocidad de la máquina devoradora de monedas. Lo cual hice, un mensaje positivo para que ella no se preocupara tanto. Obtuve una segunda taza de café y tomé mi mochila y bastón y caminé de nuevo en el pueblo cubierto de azul.

Después de haber pasado unas cuantas aldeas me di cuenta de la cantidad de nidos gigantescos que meraba por todas partes. Algunos tan grandes como una rueda de carro. Podías verlos en cualquier lugar. En tejados y en torres de iglesias y muchos en un árbol. Yo nunca había visto nada igual. Me dio una sensación muy surrealista. Es extraño cuando la gente no gira la cabeza cuando 45Santiago de Compostela10 cigüeñas vienen hacia ellos. Deben estar acostumbrados, pensé, pero me sentí vulnerable y un poco incómodo. Al salir de la aldea, llegué pronto a un cruce y me pregunté cuál seguiría.

Esta es el camino donde nadie va. V a un granjero en la orilla de la carretera arar su campo. Me detuve y le pregunté por el camino de Santiago. Él me miró y escupió en el suelo y soltó una sonrisa desagradable. Santiago, repitió, ja, ja, ja, el caballero va a Santiago, era obvio que estaba riendo de una broma que sólo él podía entender, todos vamos a Santiago, y se dobló de la risa. Qué suerte la mía, pensé, tengo que pedir direcciones del pueblo, idiota. Lo intenté de nuevo, peregrino soy, pero me interrumpió con otro ataque de risa. Oh el caballero es un peregrino, así que escupió delante de mis pies. Por qué no te vas a la derecha, él se rió entre dientes, te conviene mejor. Hay de todo, pensé, te encuentras con todo tipo en la vida y tomé el camino que conduce a la derecha.

La ruta iba hacia la derecha por un momento y luego se levantó abruptamente sobre una colina, yendo a la izquierda por un momento, descendiendo por un barranco y luego se convertía en lo que podría llamarse un buen camino. El sol comenzaba a perder su poder y se estableció en una curva bastante inclinada. Yo había estado en el camino por un buen momento, y por ahora esperaba algún pueblo. Sinceramente no quería ser atrapado por la oscuridad otra vez. Un sentimiento creció en mí que yo no estaba solo. Era una sensación que se fortalecía más y más. Dejé de tararear y cantar y mantuve mis orejas tiesas.

Ignoraba el sonido que mis pasos hacían. ¿Acaso oí un jadeo? A lo lejos algún animal comenzó a aullar como un lobo, a una luna menguante, pero estábamos todavía bajo plena luz del día. Entonces lo vi, en los arbustos, a unos diez metros de mí, un conjunto de dientes, afilados, dirigidos a mí. Ahora sabía que mi mente no estaba mintiendo. Tuve que actuar sin mostrar miedo.

Seguí caminando, con los ojos fijos en los dientes y evitando el contacto visual.

Sabía con certeza que si le daba mi espalda completamente a esas mandíbulas, me iba a devorar. Tendría la desventaja de mi mochila, lo que impediría mis movimientos. Lo más probable es que me atacaría en el cuello y trataría de arrancarme la vena yugular, pensé, eso si le doy la más mínima oportunidad. Toda la zona estaba llena de maldad. Oí un gruñido suave. En el camino delante de mí un segundo perro había aparecido, la palabra perro del infierno vino a mi mente. Me vigilaba y gruñía, mientras cambiaba el equilibrio de una a otra pata continuamente. Dejó escapar un gruñido. Ellos han hecho esto antes, pensé. Si reacciono hacia el primer perro, el otro me atacaría y viceversa. Yo no sentía miedo, si mi búsqueda debía terminar aquí, bueno, entonces simplemente sería mi destino, pero tampoco iba va a ser sacrificado sin poner una buena pelea. Evitar la reacción es una ventaja para mí, pensé y salí del camino apresuradamente de las mandíbulas abiertas, caminando de lado con la intención de rodearlos. Los dos monstruos empezaron a moverse, se deslizó con sus vientres midiendo y moviendo sus patas. Esto no era normal, recuerdo que pensé, era como si estuvieran poseídos, y entonces vino a mí con toda su fuerza, sufrían de rabia y venían a por mí. El perro más cercano sólo estaba babeando ahora.

Sentí que mi corazón se hundía, había aparecido un tercer perro. Me moví lentamente para no provocar un ataque, sino para mantener a todos en mi vista. Esto es lo que quieren, me di cuenta, me están cansando y si tropiezo, estoy frito. El pensamiento siniestro vino a mí si había un cuarto perro, estaría perdido.

Quiero decir, literalmente, apareció. Si pudiera evitar un ataque, que lo dudaba, una sola mordida me daría rabia y firmaría mi sentencia de muerte. Yo tendría que iniciar la acción, si quería vivir.

Parecían tener dudas de mí, lo supuse que porque yo no estaba mostrando el miedo, yo ya había aceptado una posible muerte. Cuando la carretera se ocultó y la tierra en ambos lados se elevó, sabía que iban a venir por mí. Me alejé aún más todavía de la carretera, no iba a concederles tal ventaja. Antes de verlo, supe que la última jugada había comenzado, sentí que el perro se acercaba a mí a toda velocidad. Giré y con toda la fuerza de mi brazo golpeé su hocico, volando todos sus dientes mientras pasaba aullando. Mi amigo el palo era una pieza sólida de madera. El número dos ya estaba sobre mí y con desesperación traté de perforarle, con el palo que se metió en la garganta. El palo era demasiado contundente, nunca fue destinado a ser un estoque, pero algo en su cuello casi me rompe la muñeca que sostenía el bastón. Se dejó caer a mis pies, los otros dos estaban a unos metros.

Caminé alrededor con visión de 360 grados. Solo me miraba a mí mismo. Me siguieron a una distancia, dos bajo las sombras en el suelo. Inmediatamente el miedo me alcanzó, querían comerme, querían romper trozos de mi cuerpo. Esto pudo haber sido una señal para que los sabuesos diabólicos saltaran detrás de mí. Ahora estaba caminando hacia atrás y mi espalda encontró una pared. Me levanté, y ahora estaba sentado en la pared y me dejé caer al otro lado. Me golpeé con un viejo pavimento, muy parecido a la vía Apia en Roma. Había aterrizado en el Camino de Santiago. Los sabuesos despejaron la pared sin dificultad alguna, corriendo hacia el sabroso peregrino.

Yo estaba listo para ellos, ahora estaba dispuesto a morir. Mis piernas se extendieron un poco, la última resistencia. Mis brazos se extendieron, sosteniendo el palo, como un crucifijo primitivo. Tocaron tierra y huyeron gritando. Un poco más tarde era como si nada hubiera pasado, excepto por el hecho de sí había pasado. Sentí que mi estómago daba vueltas. Me sentí mal por la tensión pasada que me cubría. Casi me sacrificaron. Estaba vacío, había estado a punto de matar o morir. Sin ningún tipo de restricción o de control empecé a temblar y temblar. El mundo exterior me había alcanzado.Dos horas más tarde llegué a una aldea. Pregunté en un café bar donde podía encontrar una cuartel de la policía. ¿Para qué? el curioso camarero, quería saber. Quiero denunciar una jauría de perros salvajes, le dije. No lo haría, si fuera tú, respondió el barman. Si los encontraste, ya se habrán ido por ahora. Es normal que la gente venga aquí con experiencias que tienden a ser indiferentes para una mayor investigación. Las tierras salvajes hacen eso por ti. Toma algo para calmar tus nervios, relájate y te mostraré el camino hacia el refugio. Están allí, protesté. Por supuesto, el barman respondió, pero créeme, yo soy de aquí, no hay perros salvajes aquí ni han habido por muchos años.

Después de la terrible experiencia que casi me hizo terminar en la placa de sacrificio, el Camino se había convertido en encantador y pintoresco. Encontré capillas ocultas y muchas iglesias antiguas. Había cruzado la frontera con Galicia, unos días antes y me di cuenta de que la naturaleza se ha vuelto verde, todo era verde y exuberante, eso era por las condiciones meteorológicas, no había dejado de lloviznar una vez, desde que entré en Galicia, cambiando en cada momento en una ducha de lluvia fuerte acompañada, sólo un poco más tarde, por un fuerte sol de primavera que pronto evaporizaría la humedad en una niebla misteriosa, flotando sobre la tierra, seguido de nuevo por un poco de llovizna. Canté mucho, hice muchos signos de la cruz y dejé que todo lo bueno entrara en mí y me sentí en paz conmigo mismo y con mi entorno.

Ahora, por momentos, encuentras a otros peregrinos, a los que no quieres hablar, pero debes asentir y decir: 'Buen camino'. En Galicia había recibido mi pasaporte para la posada en la iglesia. La ruta que baja desde el norte y el 'Camino primitivo' y sin olvidar la ruta a través de los Pirineos, estaba prácticamente lleno por hostales y refugios o albergues bajo el apoyo de la iglesia. Había que estar allí antes de la caída de la oscuridad y el cuidador designado por la iglesia estaría esperando allí, sentado detrás de una mesa, que serviría como un área de recepción, para darte la bienvenida y para entrarte. Debes pagar tres euros y el cuidador te mostrará tu dormitorio, la zona de ducha y la cocina. La mayoría de los peregrinos están cansados cuando llegan, al igual que tú y no buscan mucho contacto. Tomas una ducha, te preparas algo de comer y descansas. El agotamiento extremo convertirá a muchos peregrinos en un solo ronquido.

Por las primeras luces, a la mañana siguiente debes levantarte y estar afuera. Debes estar afuera antes de que el equipo de limpieza de la iglesia pase a barrer, para preparar la posada para el siguiente grupo de peregrinos. La iglesia es una máquina bien engrasada. Por tus pocos euros te dan una cama y una manta gruesa de pelo de caballo. Una vez afuera, no puedes entrar en la posada de nuevo. El cuidador se va a casa por la noche y la puerta sólo se abre desde el interior.

Fue una primavera húmeda excepcional y la mayoría de los peregrinos salían a través de puerta como gatos mojados, después de un tiempo que realmente se vuelve incómodo. Llovía todos los días sin fin y una vez que estás debajo de tu manta de pelo de caballo, puedes oír la lluvia caer como olas a lo lejos, tamborileando en el techo corrugado. Si terminaste tu comida y te queda un poco de espagueti en un paquete que pudiste haber comprado al pasar en una tienda, debes dejar la cocina para el próximo peregrino. Así que siempre encontrarás paquetes abiertos de arroz o bolsitas de té o espaguetis para el caso, que puedes usar. Después de una noche de sueño te sientes bien, caliente y seco, tus zapatos pueden estar un poco húmedos, pero eso es lógico si todos los días te empapas. Cada primer paso era un primer paso hacia la lluvia y aunque se convertía en un ritual diario, nunca te acostumbrarás a ello. Era simplemente desagradable. El clima era inclemente y se mantendría así hasta Santiago.

Las vías romanas son antiguas y han sido pisadas por muchos pies, desde hace miles de años. Se gastan por eso, y donde aparecen los surcos desgastados, la lluvia crea charcos. Primero tratas de evitar los charcos, pero después del paso de las horas, cuando estés frío y bien empapado, ya no te importa. Pasas en ellos. Así que al caminar a través de los pastos, o charcos hacia el Camino, sigues tu alma. Tu alma que te ha superado y que está haciendo señas a lo lejos, apresurándote. Una vez fuera de Ourense, el camino forma un bucle, puedes seguir la parte superior o la parte inferior del bucle. Las opciones son siempre elecciones. Yo creía que la parte inferior del bucle era más corta, de lo que yo creía recordar de un mapa que estaba en la pared de la última posada. ¿Cuál era esa famosa ley de economía por Murphy?

'Si algo puede salir mal, saldrá mal', y de nuevo Murphy estaba en lo cierto, porque si elijo la parte izquierda, debería haber elegido la opción de la derecha, ahora lo sé.

Alguien había movido una marca de piedra, o nunca había estado allí en primer lugar, de todos modos. Demasiado tarde me di cuenta de que yo no había visto una fl echa o una concha de piedra durante muchas horas. Caminé durante horas y horas y no encontré nada, traté de engañarme a mí mismo creyendo que esto era normal para la época del año, pero mi voz interior me estaba advirtiendo. El camino era más profundo y más lejano por cada hora que pasaba. Realmente de nada me sirvió ser un chico explorador. He decidido seguir el camino, estaba obligado a llevarme a alguna parte. Traté de formar una imagen mental del mapa que había visto antes de tomarlo, pero ves lo que piensas y eso es peligroso y no muy fiable y esto es cuando la ley de Murphy se balancea sin descanso en plena vigencia. Deseé que Murphy se pudriera. Debí haber prestado más atención a mi entorno y no disfrutar mucho de los paisajes, para notar lo inexplorado que realmente era el camino. Los peregrinos que pasan habrían caminado un camino limpio. Yo lo sabía, mi cerebro envió una advertencia, un poco tarde, esto era de nuevo el camino donde nadie va. Tú eres el peregrino, tú eres el chico con "suerte", mi cerebro me dijo, estás perdido otra vez. Caminando por un camino desolado en la primera puesta de sol de la próxima noche escuché un aullido, como un lobo aullando a la luna...

No iba a permitir que el miedo se apoderara de mí, el miedo se alimenta del miedo y si lo permites y lo muestras, entonces al final vendrá a ti el peor de tus temores. Me preguntaba si solo me había imaginado el gemido después de todo, cuando sonó de nuevo, mucho más cerca. Hemos estado aquí antes, pensé. Si hubiera tenido dudas, sin duda esto no era el camino de los peregrinos. Nada positivo en el aire, no hay expectativas. Estaba perdido, nada más, y yo era una presa fácil para los que tienen maldad en su mente. Tomé a mi amigo, el bastón en la mano y caminé con firmeza. No estaba solo, pensé.

Lo escuché de nuevo, un llanto que atravesó mis huesos, pero no había ninguna amenaza en él, un lloriqueo y un gemido acompañados del susurro de las hojas. Dos arbustos que se movían violentamente al lado del camino y un gemido suave, me alcanzaron. Algo necesitaba un poco de ayuda por ahí, pensé, pero ¿por qué debería alarmarme? No era mi problema, simplemente camina, mi cerebro me ordenó, no le hagas caso, ¿qué es para ti? Ahora estaba muy cerca y el lamento se convirtió en un lloriqueo suave. Qué tímido fui, me aparté de la senda hacia un árbol rodeado por arbustos en movimiento. Un perro miserable estaba sentado allí, en estado de pánico, con una soga alrededor de su cuello y atado a un árbol. Yo había oído hablar de esto antes. Si el cazador no está satisfecho del rendimiento de su perro, lo ata. Es una forma muy cruel en España acabar con tu perro de caza. En cualquier caso, significaba para mí que estaba cerca de la "civilización" y el perro parecía lo suficiente sano como para no estar sufriendo de rabia. Parecía triste de hecho y profundamente perturbado, pero de nuevo, quien no estaría en su estado.

¿Qué hacer? El camino más fácil de la acción habría sido caminar, pero entonces, ¿cuán 'puro' aparecería delante de la tumba del santo? Me decidí a ayudar al pobre animal. Pude imaginar que el animal no mostraría más confianza en la raza humana. Bajé mi mochila y empecé a hablar sin sentido para apaciguar al perro un poco mientras buscaba un viejo suéter en mi mochila. Él seguramente me muerda, pensé, si me acerco a él. Envolví el suéter alrededor de mi brazo izquierdo, para conseguir algún tipo de protección en caso me mordiera con esos dientes y caminé lentamente con una navaja en la mano derecha hacia él. Seguí hablando con él en voz baja, para calmar a la pobre criatura. '¿Acaso no eres un lindo perro, acaso no eres un gran chico, un buen perrito?'

Al acercarme soltó unos gruñidos desagradables y poco a poco retrocedí, hablando con un tono suave. Abrí mi mochila y encontré una pequeña lata de paté y la abrí. Lo acerqué a él tanto como pude sin ser mordido, casi podía llegar a la lata y sus ojos se centraron en la comida ahora. Envolví el viejo suéter alrededor de mi brazo de nuevo. Mi ojo captó mi reloj, eran las ocho y pronto oscurecerá.

Yo quería que mi brazo envuelto con el suéter llegara hasta su cabeza, y luego agarrar rápidamente la cuerda lo más cerca de la cabeza y luego cortarlo con la otra mano, con la esperanza de que si se soltara, fuera tras el paté y no por mi. Logré conseguir la cuerda detrás de la cabeza sin ser mordido y lo agarré con firmeza. Con un poco de dificultad logré cortar la cuerda. Allí, me había colocado en una situación graciosa ahora, yo estaba sosteniendo a un perro que podría morderme, a la hora de soltarlo, o ir tras el paté. Eligió la última opción, cuando lo solté y regresé rápidamente unos pasos, levanté la mochila con una mano y seguí caminando, lejos del perro. El perro había terminado su bocado y ahora me miró intensamente durante unos segundos, y luego se dio la vuelta y entró en la maleza, y desapareció de mis ojos para siempre. Algunos copos de nieve llegaron flotando mientras seguía caminando. El camino se levantó bruscamente y ahora se estaba oscureciendo. Antes de darme cuenta, estaba en las colinas de nuevo.

Cuando estás enfermo, tus pies avanzan lentamente.

Mis pensamientos eran un tren de asociaciones, porque siempre se perdía y estaba lleno de perros y montañas, ¿por qué no había elegido la otra parte del bucle? La respuesta era clara, el perro habría muerto de hambre, si hubiera tomado el camino "equivocado". Así es como el universo y la fuerza creativa se encargan de la creación si tiene un propósito elevado.

Así que el camino, de cierto modo, se había convertido en un camino de la misericordia, todo excepto por el hecho de que mi pie derecho comenzaba a darme problemas. También me sentí mareado, ¿estaba bien o era sólo la altitud? Me toqué la frente, estaba ardiendo incluso en el frío, tenía un problema. Consideré sentarme por un momento más o menos. Una campana de alarma sonó en mi cabeza y mi voz interior me advirtió, 'si te sientas aquí, nunca te levantarás otra vez'. El camino había comenzado a descender ahora, la nieve se convirtió en húmeda y en menos de media hora se transformó en una llovizna. Ahora mi pie derecho comenzó a arrastrarse un poco y un destello de dolor atravesó mi rodilla derecha. Eso es lo que sucede si evitas utilizar un pie y luego cambias de posición para caminar y entonces crearás lesiones en otras partes. Las cosas no iban bien. Tenía tanto calor que consideré tomar un descanso, simplemente sentarme bajo la lluvia no causaría ningún daño ¿o sí? Con gran dificultad seguí el consejo de nuevo de mi voz interior y no me dejé llevar por el impulso de sentarme. ¿Por qué es siempre una vida por una vida? Quería saber febrilmente, corriendo a través del tiempo. Cristo fue sacrificado, él no se sacrificó, era un cordero. Pude concentrarme sólo con dificultad. ¿Mi vida por la vida de un perro? ¿Acaso valía yo menos? Dejé de caminar, ahora estaba a la deriva.

Algo vino revoloteando por mi cabeza, ellos vienen a buscarme, pensé y no pude reprimir una sonrisa a pesar de mi miseria. El pájaro se posó en mi hombro, era una paloma torcaz, nunca me había pasado esto antes, pensé, posiblemente me manche. La línea de pensamiento asociativo continuó, No importa si lo hace, la lluvia lo eliminará. Comprendí lo que estaba pasando, mi resistencia estaba en su punto más bajo y yo estaba entusiasmado. No habría una paloma en la oscuridad y bajo tales condiciones. La paloma era muy real, sin embargo, podía sentir su peso a medida que se movía un poco para encontrar un mejor equilibrio. Espero que no picotee mi ojo, pensé, hmmm, no era un pensamiento agradable. Gracias a Dios no es buitre, me alegré, esa bendición me hizo sonreír de nuevo. Se me ocurrió que si alguien nos viera caminando, en la oscuridad, un hombre con un pájaro en su hombro y con una pierna herida, probablemente pensaría que John Silver de la isla del tesoro ha vuelto a la vida de nuevo.

Entonces el milagro se convertía en real. Yo estaba enfermo y necesitado y solo. Un pájaro que simboliza paz y esperanza había sido enviado y me había encontrado. Tropecé y empecé a cantar, en voz baja: 'el espíritu de Dios me mostrará el camino'. La paloma apenas si hacía ruido alguno, pero era agradable tenerlo cerca. En momentos de debilidad y enorme necesidad, la paloma me había encontrado. A unas curvas de la carretera más hacia abajo, distinguí las luces de un pueblo. 'Gracias, Señor', dije en voz alta. Cuando me acerqué, la paloma picoteó el lóbulo de mi oreja, giró una vez por encima de mi cabeza para tomar marcaciones y desapareció. Estaba bendecido, en mi hora de necesidad suprema, yo no había estado solo. Yo había estado en buena compañía...

La abadía que permitía la entrada a peregrinos era menos tolerante de lo que habría esperado de una institución cristiana. Te reciben de una manera amable, pero esperan que participes en los ritos de la abadía. Eso no le agrada exactamente a San Daniel ya que él evade el desahogo de su alma en una confesión, bajo la supervisión de un confesor rígido. Temprano en la mañana, con antibióticos se lavó con agua limpia del pozo, dejó el hogar celestial de oración, para continuar su 'Camino' a la tumba del apóstol, hermano de Jesús, el apóstol Santiago.

La puerta era impresionante, con pernos masivos y accesorios de hierro y las palabras que decían: 'Ave María, gratia plena'. Tropecé cerca de la puerta y dejé caer la aldaba hecha a mano, en la antigua madera. Me tomó un tiempo y el sonido de pasos se acercó. 'Peregrino soy y a Santiago voy', dije en la pequeña escotilla que había sido abierta, un viejo rostro me examinaba. Sí, fue la respuesta a la declaración de mi propósito, ¿qué puedo hacer por ti? Necesito un lugar para pasar la noche, le contesté. Voy a hablar con el abad, dijo el viejo, con una cara agradable, puedes pasar y esperar en el portal. Mi cabeza daba vueltas ahora, espero que no me hagan esperar mucho tiempo, pensé, debo acostarme.

La puerta se abrió más y me pidieron que pasara. Te ves como un peregrino, una voz amigable dijo, ¿por qué vienes solo? La enorme puerta se cerró detrás de mí y había entrado en un mundo diferente. ¿Por qué todavía no has ido a la posada? la voz oculta hablaba de la capucha de los monjes. Me perdí, comencé. Todos estamos perdidos, la voz se encargó en decir lo que yo quería decir. Pero si buscas podrás degustar lo que estabas buscando. Estoy tan cansado, dije, por favor ayúdenme.

Ven entonces, dijo el hombre cuyo rostro estaba oculto en la capucha, bienvenido entre nosotros. El hermano Severius, te mostrará tu habitación. Yo estaba verdaderamente agradecido y dije, muchas gracias, Dios te bendecirá por esto. Lo hace todos los días, respondió el abad. Me mostraron una habitación de monjes que parecía muy antigua.

El Angelus comienza a las 6, el abad continuó, y la confesión comienza media hora antes, a las 5:30, espero verte allí. Esperé hasta que estuve solo en mi habitación y tomé mis antibióticos que curan todo de mi mochila. Tomé una pastilla y me dirigí al lavabo, mantuve la cabeza medio inclinada y probé el agua dulce, directamente desde el pozo, asumí. Ahora una ducha y luego a dormir, pensé. Una sorpresa me esperaba, la ducha estaba fría, si no estabas enfermo, era una buena manera de enfermarte. Fue una ducha de sumergirse y luego salir inmediatamente. Mi piel comenzó a temblar cuando me había secado. En realidad me sentí bien. Las palabras del abad hicieron eco en mi cabeza: 'todos estamos perdidos', y de repente sentí una sensación de profundo aprecio por estos monjes. Ellos como yo buscaban respuestas. En su propia forma habían hecho la paz con el mundo. Algunos nunca buscarán pero encontrarán, y algunos podrían buscar y no encontrar nunca. Vivían de normas autoimpuestas, reglas rígidas, pero más simples que las que necesitas para sobrevivir en la sociedad. Ellos encontraron la paz en su propio mundo que se rige por la humildad.

Un fuerte golpe en la puerta me despertó y reconocí el hermoso canto pasaba, era el 'gregoriano', tiempo de alabanzas y oración, una voz en mi cuarto dijo. Me vestí rápidamente y me dirigí hacia el canto. En la capilla sonaba el canto celestial, los monjes estaban en reverencia con himnos en sus manos y cantaban solemnemente. El monje que me había despertado, me hizo señas, sólo arrodíllate aquí, dijo y señaló un banco de oración desgastado, ora sobre lo que aparece en tu corazón, él siguió.

Yo lo entendí, ya era tiempo de la glorificación y alabanza, no pidas favores, alaba a la creación y muestra gratitud. Por un momento, me puse de rodillas sobre el banco de oración con los ojos cerrados, disfrutando del canto. Tu espíritu no va a permitir eso, sin embargo y pronto empecé a pensar en mi casa y amigos. Me corregí, no debía pedir ni implorar, únicamente alabar. Y empecé. Tu naturaleza es hermosa, gracias por tu protección que he sido testigo, varias veces y te doy gracias porque me permites estar aquí para compartir en tu presencia este momento, gracias por mostrarme la bondad que he encontrado, durante mi recorrido hasta ahora. Estoy verdaderamente agradecido por mis hijos y mi esposa y mis animales, te doy las gracias por esta vida en la que me permites caminar, y entonces no podía pensar en nada más y llegué a la conclusión, con: Te amo, amen. El canto estaba llegando a su clímax y luego se apagó dejando unos últimos tonos apasionados en la capilla, a continuación un profundo silencio, los monjes comenzaron lentamente a salir de la capilla.

Un seguidor no duerme mucho por aquí, pensé, cuando una voz amiga me despertó para las confesiones. Me vestí y me dirigí de nuevo hacia la capilla, oí el murmullo de las voces de muy lejos. Los monjes se turnaban para ser penitentes, confesantes y padre confesor y cuando finalizaban las confesiones, el padre confesor hace la señal de la cruz sobre el confesante y cambian de papeles, cuando ambos han cumplido con su obligación caminan a un lado de la capilla para la oración.

El abad me vio entrar y me hizo señas para acercarme. Me arrodillé delante de él y empecé: padre, padre, he pecado en palabra y obra, soy culpable, soy culpable y me quedé callado por un momento. ¿Qué te atormenta, hijo mío? preguntó el Abad. Padre, le contesté, no sabía que confesar. No hay hombre sin pecado, hijo mío, respondió el abad. Padre, empecé, sería un pecado si me inventara algo para recibir perdón, pero desde que he estado en el camino, me he sentido purificado y perdonado por mi vida anterior. Hijo, el abad ahora hablaba con voz severa, la vanidad es un pecado. Padre, continué, sólo he sufrido, me he comportado como el más humilde de estos días, sólo he caminado y sólo he cantado alabanzas a la creación.

En todas mis relaciones, sólo he elogiado lo que me encontré. Desde mi primer despertar en la mañana hasta el momento de mi descanso en la noche, sólo he tratado de tener en mí todo el bien. Ahora hubo un silencio por un tiempo considerable. Hijo, dijo el abad con voz amable, perdóname si no he reconocido la mano de aquel que nos conduce en el extranjero, que ha llegado más allá. Padre, no tengo nada que perdonar, ustedes le han dado hospitalidad a este extranjero. Esto no debe llegar a ser frívolo, pensé, ¿quién estaba tomando la confesión? Vamos a rezar un 'padre nuestro', dijo el abad. Entonces se levantó e hizo la señal de la cruz sobre mí. 'Benditos son los que andan en la sombra del

Señor', dijo mientras se levantaba sin darme una segunda mirada y se alejó de mí a la capilla lateral.

Debería prepararme, decidí, el camino me está esperando fuera de estas puertas. La campana del Ángelus pronto llamará a los fieles para arrodillarse. Es mejor, creí, para mí, no participar en la oración monótona, que nunca puede tener signifi cado como un avión con piloto automático. El automatismo borra el espíritu humano. Asentí con la cabeza respetuosamente hacia el crucifijo y la virgen María y me fui a mi habitación para recoger mis pertenencias.

La puerta monumental se cerró detrás de mí con un ruido ensordecedor y por mi primer paso afuera, me sentía increíblemente libre. Aún cansado pero libre. La creación no puede ser capturada en las normas y los himnos. El templo real de la vida no está cautivo entre cuatro paredes, sino está ubicado en el corazón del hombre y en la naturaleza, en una promesa que siempre se renueva.

El camino hacia la última etapa del viaje estaba abierto, había cubierto una distancia de 900 kilómetros hasta el momento, la distancia espiritual y mental, sin embargo, había sido por mucho, mucho tiempo más. Sentí una simbiosis, una unidad, dentro de mi entorno. Me había convertido en completo, por primera vez desde mi nacimiento. Había mucho que debía procesar internamente, antes de poder expresar mis sentimientos sobre el Camino, en todo caso alguna vez seré capaz de hacerlo. 'Yo soy el camino', dice Jesús. Digo, el Camino es el camino, tal vez los dos son uno y el mismo. Un camino autoimpuesto a la salvación, a la liberación.

Al entrar en el territorio municipal de Orense, inmediatamente vi las conchas incrustadas en la carretera que mostraban el camino a la posada de la iglesia. Orense es donde comienza la última etapa a Santiago, caminar se convierte en agradable, constantemente vas descendiendo al salir de las colinas hasta la costa.

Tienes que caminar, a menudo, partes del camino por carreteras provinciales, hasta cruzar el antiguo camino de nuevo y puedes dejar el tráfico que se aproxima amenazante detrás de ti.

El tráfico con coches que pasaban salpicándote. A causa del "progreso", los planos de zonificación y construcción expansiva de pueblos y ciudades en crecimiento, partes del antiguo Camino Romano se han excavado, para dar paso a los dúplex. La línea de alta velocidad que se estaba construyendo cuando pasé y que reduciría el tiempo de trayecto en tren entre las ciudades, de manera significativa, cortó el camino en dos. Diseñado por personas de un mundo diferente, un mundo que se dicta y se forma detrás de los escritorios de los políticos. Esa parte de la carretera ya no era molestada más por los obstáculos maligno o tormentas de nieve y los gustos de las fuerzas que trabajan contra el peregrino. Corres más peligro por los coches que pasan silbando. La lluvia sigue siendo la misma, por supuesto, sin tener en cuenta el progreso.

Así que el autoproclamado peregrino, San Daniel, en su vida anterior, un viticultor entre otras ocupaciones, siguió las flechas y las conchas, hasta la puerta de la posada, que resultó ser otra antigua abadía. Era una estructura enorme y muchos peregrinos podrían encontrar refugio allí. Estaban aquellos que vendría a montar en motos deportivas, la última etapa y los que venían a caballo. No es el mismo esfuerzo, diría yo. El peregrino caminante siempre tenía prioridad sobre otras categorías si se trataba de una escasez de camas. La abadía, refugio de Orense contaba con 500 camas. Una gran cantidad de peregrinos que ves allí son peregrinos 'de apariencia', han venido a 'Santiago', pudieron ir igual a Disneyland París. Principalmente ves dos tipos de peregrinos, el peregrino meditando en silencio y los peregrinos fuertes que desean un milagro de 'Santiago'. Compran un bastón con una concha plástica, que cuelga de él, y caminan la última etapa en grupos, haciendo bromas y deteniéndose aquí y allá para tomar una cerveza. Cuando llegan a la tumba habrán completado su peregrinación, que implica hablar correctamente, por supuesto.

En el interior de la entrada el cuidador estaba fregando las huellas fangosas de los peregrinos que acababan de entrar. Por la noche, después de haber tomado una ducha entré a la sala principal, justo a tiempo para ver al cuidador preparar el café. ¿Te apetece una taza? me preguntó. Oh, eso estaría bien, respondí. Yo estaba a punto de volver a casa, el cuidador continuó. Pues, no te quedes por mí, dije. No, no lo hago por ti, continuó; Me gustaría hablar contigo. En serio, dije, ¿qué pasa? Déjame explicarte, continuó mi amigo que preparaba el café. Todo el día me siento aquí y veo a los peregrinos entrar. Algunos no son peregrinos en absoluto, simplemente quieren un lugar barato para dormir. ¿Qué pasa con el pasaporte de peregrino? Pregunté.

Lo solicitan en su parroquia y luego disfrutan de unas vacaciones baratas, continuó el cuidador. Bueno, no hay mucho que puedas hacer con eso, me imagino, le dije. Me dan un montón de trabajo extra, dijo mi anfitrión. Tú sabes, él dijo, siempre trato de estimar a las personas cuando entran, se ha convertido en mi afición. Yo sabía que ibas a venir, entiendes. No, le respondí con sinceridad, no realmente. Viniste a la hora del almuerzo, cuando nadie más llegó y yo estaba un poco aburrido examinando los titulares del periódico local. Antes de entrar por esa puerta, sabía que ibas a venir. Conozco ese sentimiento, dije, lo he sentido en el Camino, cuando sentí la presencia de un perro. Cuando entraste tenía la sensación de que te había conocido durante mucho tiempo y que te había estado esperando todo el día. Hmmm, dije. Siempre traté de adivinar qué clase de peregrinos vienen aquí, por aburrimiento, continuó mi amigo que preparaba el café.

Volví con lo que había dicho antes sobre el reconocimiento y la expectativa y le dije, cuando vi a mi amada, por primera vez, la reconocí como si hubiera estado ausente de mi vida y como si la hubiera estado buscando y que le dio vueltas a mi vida. A veces buscamos sin saberlo y somos el reflejo de lo que vemos, la imagen que llevamos en nuestra alma. Algunos de nosotros estamos satisfechos con los aspectos de la imagen y pensamos que esto se trata solo de lo que estábamos buscando en la vida.

Cuando conocí a mi amor, leí su alma en sus ojos y vi aspectos reflejados de mi madre a quien había amado profundamente, la pureza de mi madre con la posibilidad de ser amada hasta la finalización de lo que yo era, junto con el atractivo de la hermosa mujer que es y su inteligencia y yo sabía que yo nunca más la perdería de vista, si era sólo para mi propia tranquilidad. Todo esto se registró en un nanosegundo. Si todos los aspectos coinciden perfectamente y tu alma reconoce y ve lo que estabas buscando, ahora, en otras vidas, en otras formas, entonces no tienes más remedio que seguir a tu corazón, si no, entonces nunca encontrarás la combinación única en esta vida única y estarás perdido para siempre. Un hombre siempre compara un tema con otro para llegar a una conclusión y, al hacerlo, refleja su propia alma para encontrar a su compañera.

Cuando perdí a mi hermano, ninguno con su color de pelo, o su voz u ojos como los suyos, podía hacer nada malo para mis ojos. Así es como el corazón herido trata de curarse a sí mismo, cortando y pegando aspectos en busca de la imagen total, ¿lo entiendes? le pregunté a mi amigo que me preparó café. Estaba gravemente herido cuando mi hermano no regresó a casa después de un día de caza. Él asintió con la cabeza. No siempre siento a la gente antes de verlas, dijo el cuidador y de eso quiero hablar.

La primera vez que sucedió fue hace unos años, reconocí al hombre que entró como al que yo había estado esperando. Pero nunca cedí a la sensación por vergüenza a que se riera. La segunda vez que reconocí la sensación pero de nuevo, no hice caso. Es por eso que tengo que hablar contigo, tal vez nunca se presente de nuevo. Mañana seguirás con tu trayecto, siguiendo el camino y estaré aquí con preguntas que nunca serán respondidas. ¿Qué quieres saber? Dije, voy a tratar de ayudarte, pero debo advertirte, estoy un poco cansado.

No eres lo que eres, el hombre comenzó. No entiendo, le dije. Quiero decir, explicó mi amigo del café, examino a las personas cuando vienen. Llevas una carga, pero ya no es pesada. Eso está bien, yo estaba de acuerdo, fue una buena observación. Yo no soy muy feliz aquí, continuó el cuidador y puedo decirte esto porque dudo si vuelvo a verte después de mañana. No estoy del todo contento con mi vida ¿sabes? Espera, espera, dije, ya no quiero más problemas, aparte de los míos. Has caminado mucho, dijo, como si no me oyó, y creo que tienes las respuestas. Dime cómo puedo hacer que mi vida sea más útil. ¿Qué quieres que conteste primero? le pregunté ¿Quién realmente eres? dijo y por qué puedo sentirte más cerca.

Por tus propias palabras, tú no eres feliz y estás reflejando tu alma para averiguar cómo puedes hacer tu vida más plena. ¿Quién soy yo, quieres saber? He recorrido el Camino por muchas semanas y el Camino hace llorar a la gente. Esos son los que están buscando y encuentran en su camino el único camino hacia una meta. Me he convertido en el camino. Yo puedo ayudarte pero tienes que crear la distancia tú mismo. Después de la semana que viene cuando esté ante la tumba, nunca tendré que poner un pie en el camino de nuevo. Siempre la llevaré en mí, a donde quiera que vaya. El Camino es la única manera y se ha convertido en parte de mí, a causa del padecimiento, las emociones y la esperanza. El objetivo no es de importancia, sino es el camino hacia él.

Me estabas esperando porque estabas listo, pero bajo duda. Al igual que yo estaba en duda. Me esperabas porque iluminaba el camino. El Camino vino tres veces a tu puerta y tú no te atreviste a hacer la pregunta. Déjame responderte. Deja de hacer lo que es inútil, no pierdas tu tiempo más. Cómprate un buen abrigo de lluvia, ya que siempre llueve aquí, busca un bastón y camina el camino. No como un peregrino falso con un palo comprado de plástico. Anda como eres. Serás atendido. ¿Hay más café y hay algo más que quieras saber? Le pregunté. Te conocía, dijo. No, nada más que preguntar, parecía un poco confundido, sí, hay más café, a veces en la vida necesitas pedir direcciones, concluyó...

Al dejar atrás Orense, te encuentras con Galicia todo es hermoso, ríos que hay que cruzar, con puentes romanos. La autopista y la carretera provincial están a unos pocos kilómetros y a kilómetros de distancia, muy lejos de ti, la corriente del trafico conecta las ciudades más grandes. Tú, sin embargo, caminas donde el tiempo estaba congelado. Cada pequeño pueblo o aldea donde pasas se respira antigüedad. La lluvia es un poco pesada, no es solo una ducha de vez en cuando, sino un cambio de lloviznas a aguaceros a lloviznas de nuevo. Seguido por períodos cortos de niebla que flota por encima de los campos. Es por esta razón que los romanos estaban asustados de la zona y lo llamaron: la tierra de los espíritus errantes.

Después de caminar media hora, estás empapado y luego ya no te importa. Una vez que llegues a la próxima posada, tus pantalones se secarán y tus zapatos se mantendrán suaves. Las aldeas ahora siguen como un collar de perlas. A veces tienes que abandonar el Camino, para cruzar la carretera provincial y luego recoger el rastro de nuevo indicado por las flechas. Estaba profundamente perdido en mis pensamientos. El portero jugó un papel en esas contemplaciones, lo que le había hecho tan infeliz en la vida, o ¿habría más gente infeliz si no se dan cuenta de eso? La última hipótesis parecía cortar madera. Puedes comparar la felicidad con un termómetro, con temperaturas por debajo y por encima del punto de congelación como sinónimo de la felicidad medida en grados.

Me estaban olfateando. Insuficientes ojos para los que me rodean y para muchos pensamientos profundos. Un perro ahora estaba caminando y había olfateado mi pierna izquierda. Le acaricié con mi mano izquierda y él respondió igual que mi propio perro lo haría. Probablemente pertenecía a alguien en uno de los pueblos donde había pasado. Es curioso, pensé, por lo general sólo los gatos me buscaban y otros animales sólo después de haber llegado a conocerme. Me puse en buen humor y mi termómetro de felicidad subió unos grados más.

Caminó un par de horas y luego se detuvo de repente, me di cuenta de inmediato, vamos muchacho, le dije, sentí que lo había adoptado. Pero se detuvo y no movió musculo alguno. Entonces me miró de una manera divertida, al igual que el perro cazador que había liberado del nudo, me hizo temblar un poco, luego se alejó meneando la cola. El perro me había acompañado, como lo hace mi viejo amigo, y me había llevado a los límites de su territorio. El límite congelado da paso a las modernas afueras de un pequeño pueblo. Estás solo, pensé, ahora tienes compañía. Vi una torre de una iglesia y me detuve, para hacer la señal de la cruz y me pregunté; Salva a mi amada y deja que la bondad entre en mí.

Los peregrinos caminan bajo condiciones diferentes, pero al acercarte a partes civilizadas te vuelves más viajero que peregrino. Has estado temblando bajo la lluvia durante muchas horas y traté de desviar mis pensamientos anticipando en el sacrificio que iba a hacer, el suelo de mi granja y el vino de mis campos y pensé en Santiago, el hermano de Jesús, enterrado lejos de su tierra natal. Él había predicado en esta parte del mundo y convirtió a muchas personas y que había llegado a amar a Galicia. Al igual que aquellos que siguieron sus pasos, fue martirizado, había muerto de una muerte horrible, hasta que la decapitación detuvo su calvario. Su cuerpo decapitado fue devuelto a sus seguidores y pusieron su cabeza de nuevo con su cadáver, una tarea un poco desagradable, me imaginé. Cruzaron el mar Mediterráneo para enterrarlo en la tierra que él había amado tanto, Galicia. Eso parece una distancia enorme, pero con viento favorable en las velas fue un cruce de unos pocos días.

Es irrelevante si Santiago realmente está enterrado allí. Santiago se ha convertido en un punto de esperanza, una agrupación de energía positiva, con una gran intensidad, que conecta todos los peregrinos a través de las edades con su búsqueda, y la esperanza y la fe. Así como no hay pájaros cantores en el campamento de destrucción de Auschwitz, hasta hoy, la tumba de Santiago tiene un efecto contrario en las personas. Él siempre ha sido visto como el defensor de la cristiandad y en batallas decisivas contra los moros, la dominación árabe en España, que duró 800 años, Santiago se levantaría de su tumba, montaría un corcel blanco y mataría en un periquete a los moros. Es por eso que se le conoce en España como; Santiago, Mata Moros. Santiago el asesino negro. Eso te haría fruncir el ceño en la actualidad, no se considera políticamente correcto. Los españoles no están molestos por ese pequeño problema.

En la capilla lateral a la tumba de Santiago, se encuentra una estatua de mármol de la "santa muerte" en la acción y también al lado una pintura que representa al santo que mata a los moros. Esto en cuanto a la vieja santidad.

El Camino estaba casi bajo agua, una concha que sobresale ligeramente, indicaba que estabas en realidad todavía en el Camino. Mis pensamientos iban en todas direcciones y pensé en mi padre, quien había fallecido hace unos años, a quien nunca vi después de mis dieciséis. El camino incluso lo modificó para colocar eso en un marco diferente. Sentí lástima por el hombre que había logrado perder el contacto con todos sus hijos, que las estadísticas van en contra de ti. Comprendí por primera vez, que su forma de actuar en la vida salió de su incapacidad de actuar de manera diferente. Mientras tanto recibí una buena mojada otra vez, el agua me goteaba por la barbilla.

El antiguo camino romano ahora serpenteaba a través de prados y bajo los chubascos un pueblo apareció a lo lejos. El agua estaba ahora empapado mis zapatos. ráfagas de música llegaron a mí, a mi encuentro. Mark Knopfler, con una pista de "hermano en brazos". Llegué a las primeras casas mientras seguía las conchas incrustadas en la carretera. Inconfundiblemente, Mark Knopfler, al pasar una curva, me encontré con un bar con las puertas abiertas y con la música a todo volumen. Café, pensé. Una estufa brillaba al rojo vivo en una esquina y todo parecía muy cálido y acogedor. Buenas, dije, saludando al camarero y deslicé mi mochila y puse mi bastón.

Él sonrió y dijo, te ves absolutamente cansado. Así es como me siento, yo respondí, ¿tienes café? ¿Cuál es tu nombre? el tipo me preguntó y yo le contesté: Daniel, entonces a partir de ahora serás San Daniel, dijo con una sonrisa. Cogió un rotulador y escribió: San Daniel en una concha con un agujero en ella y la clavó en la pared. Así que San Daniel ahí estás, dijo, ahora estás en un lugar apropiado. Me di cuenta ahora que toda la pared estaba cubierta con esas conchas. Por qué no te calientas en el fuego y dejas que tu ropa se seque y te prepararé una buena taza de sopa, sugirió. Vaya música encantadora que tienes aquí, le respondí mientras se dirigía a la estufa. Sí, respondió el propietario que tenía mi edad, 'Dire Straits', ¿sabes? Vendrán a Santiago este verano, tengo entradas para ellos, él sonrió. Bien por ti, le dije.

¿Has venido de lejos? el propietario quería saber mientras servía la sopa. He caminado toda mi vida pasada, sonreí. Eso es lo que te hace el camino, dijo el propietario. ¿Has avanzado? Sí, le contesté, pero tengo que avanzar otro poco. Por primera vez en muchos años he pensado en mi padre. Oh, el propietario dijo, pensamientos agradables, ¿debo esperar? Estoy empezando a tener una mejor comprensión de él, le contesté, y de la vida que él llevó. Sí, el propietario dijo mientras sonreía, todo el mundo viene limpio cuando va a la tumba. Me sonrió de nuevo y, ¿estaba equivocado o había partes de mi padre en él?....

La música me ha llevado un paso más cerca de mundo moderno. Simplemente nunca dejó de llover, ¿alguna vez ha estado seco aquí? Me pregunté. De repente, me vino un pensamiento, de la nada; ¡esta tierra es bendita! El apóstol Santiago cruelmente asesinado en su propio país había encontrado su última morada aquí. Enterrado en su tumba por sus discípulos amorosos, en el territorio español. ¿Por qué un profeta nunca ha sido reconocido ni escuchado en su propio país? ¿Es porque todo el mundo lo conoce desde su nacimiento y han dejado de notar el crecimiento y la transformación en la nueva persona, en que se convierte un profeta, cuando sigue su llamado? Sin duda alguna.'

Llueve, llueve como antes, mi amor, mi amor, ¿a dónde has ido?' (Leopold, un poeta holandés de la década de 1880)

No había una sola amenaza más que pudiera encontrar, ¿cómo podría ser eso, mientras caminas por la tierra del profeta? Era imposible perderse, ahora y los perros del infierno encontraban a sus víctimas en otros lugares. Al igual que el toro en el laberinto separado por el espacio de tiempo entre nosotros, todavía mugiendo y eternamente bramando. Mi objetivo ahora era, más que nunca, la tumba y mi llegada allí. ¿Dónde podría entrar en Santiago y cómo hacerlo a tiempo? Mi pie derecho comenzaba a darme problemas otra vez. Yo había analizado el problema, era mi tendón de Aquiles. Puedes sentir claramente el tendón a veces al caminar. Si se vuelve insoportable me detenía y estiraba el tendón de la derecha, entonces podía continuar hasta la siguiente sesión de estiramiento.

Por la mañana temprano, al levantarme de la cama, había empeorado todo, una vez que el tendón se había calentado, el dolor desaparecería sólo para regresar después de unas horas. Estaba lloviendo para variar. ¿Cómo podía tanta agua caer en unas pocas semanas? Las horas que había dejado atrás al caminar habían sido bastante agradables. De repente me encontré en medio de alguna granja, el camino se disuelve en la nada. No había perdido el camino otra vez, ¿o sí? Al parecer era así, sin embargo, en algún lugar a lo largo de la carretera había perdido el camino. Demasiada anticipación en mi juramento y la tumba y qué es lo que tienes. ¿Cómo fue, que no había sentido?

¿Dónde me había perdido? ¿Por qué que el camino espiritual no se auto sincronizó con el camino físico? El sol no se podía ver por el cielo gris, así que no podía tomar decisiones. Tenía que dar marcha atrás hasta llegar al lugar donde me había perdido. Una vieja camioneta se detuvo al lado del campo. Buenos días, le dije, ¿dónde puedo encontrar el Camino? Oh, estás cerca, una voz jovial contestó. Entra en el coche y te llevaré al camino. Estuve a punto de subir cuando pensé, setrata de la tentación, si me meto voy romper mi promesa. No, le dije, gracias, pero no puedo, solo dime el camino a seguir, por favor. Entra, la voz ahora sonaba impaciente: ¿El Camino? Repetí. Entonces camina idiota, la voz respondió, y pregúntale al panadero del cruce, no tengo tiempo para este tipo de tonterías y se alejó, dejándome en la lluvia.

Por último, retrocediendo llegué a una encrucijada, ¡Cuan importantes cruces y encrucijadas habían surgido en mi vida! A mi derecha, un poco escondido bajo el follaje, vi un pequeño edificio con una chimenea humeante al lado. Eso podría muy bien ser la panadería, asumí y empecé a caminar hacia ella. Justo cuando entré en el porche que corría a lo largo del edificio se abrió una puerta y una mujer con una bandeja de panecillos, exclamó con sorpresa: 'oh', casi deja caer la bandeja. No te asustes, le dije, pero me di cuenta de que me parecía a un vagabundo sin afeitar, soy peregrino y a Santiago voy. Hizo la señal de la cruz. Sí que me asustaste, dijo. Ven y caliéntate junto al fuego.

Me senté en la silla al lado del fuego, estaba muy caliente en el interior. Me desabroché la chaqueta y puse la mochila abajo. ¿Quién está contigo? Una voz severa quería saber. Un peregrino medio ahogado, respondió la mujer, riéndose ahora. Un hombre de anchas espaldas apareció por detrás, de lo que parecía ser la zona de la cocina, y junto con él más calor entró en la habitación donde me había sentado. Él me sonrió, pareces un poco húmedo y llamó a una chica, trae algo caliente para este hombre. Pensé que era una buena persona. Me dieron un pedazo de pan recién horneado, todavía caliente y suave. Estaba delicioso. ¿Qué te trae por aquí? el hombre me preguntó de una manera amistosa. Estoy perdido, empecé y el panadero dijo; todos estamos perdidos y eso hizo pensar y me hizo caer en silencio por un momento. Había utilizado precisamente las mismas palabras que el abad cuando llegué a su abadía. Dios habla a través de muchas bocas, pensé. Estás en busca del Camino, ¿verdad? Asentí con la cabeza. El marcador de piedra está cubierto de vegetación, pero está afuera. Pon algunos panes en tu mochila para esta noche, dijo, para cuando encuentres un lugar para dormir. ¿Cuánto te debo? le pregunté. Nada, me dijo, piensa en mí cuando estés en la tumba. '¿Vale?' me dijo, está bien. Y le di las gracias y salí de sus vidas.

Ahora vi el marcador inmediatamente después, ¿había estado allí un par de horas antes? Asumí que sí. Es curioso, imagina no ver algo tan importante, sobre todo si llegas a un cruce de caminos, entonces prestas verdadera atención. Por otra parte, si lo hubiera visto, no me habría perdido y el tipo de la camioneta no me hubiera tentado. No debemos ver lo que no está ahí, pero hay que ver lo que sí está allí...

Las partes de una imagen nunca se valen por sí mismas. Algunas forman partes separadas de un cuadro completo y algunas encajan, neutralizan los asuntos y traen un balance. Algunas son simplemente destructivas. La fuerza de esta vida consiste en encontrar la cohesión en lo que te importa. Eso difi ere en cada individuo. Si buscas respuestas o soluciones y no encuentras, entonces eso es una respuesta. Con nuestros recursos y capacidades limitadas, sólo tomamos partes de la imagen completa y con aquellas partes intentamos encontrar la coherencia y la coherencia si no está allí, entonces simplemente tenemos que aceptar ese hecho. Todo el mundo es la suma de su vida, de las partes y etapas separadas en tal vida.

Ahora, mi lado derecho comenzó a doler horriblemente, desde la ingle, arriba de la cadera. Allí es donde encuentras el nervio ciático, el nervio más largo del cuerpo humano. Desaparece en la pelvis para conectarse con el sistema nervioso. El abultamiento de la carretera provincial a sus hombros y la caminata contra el tráfico por horas, con un pie en la carretera y el otro en el arcén habían extendido mi nervio ciático. Fue mi culpa, había estado tan centrado en el compromiso y la fecha límite para llegar a la tumba, que había cambiado mi ritmo de caminar, aumentando mis pasos de largo, eso y el hecho de que parte de la carretera se había ido por las llanuras templadas, me habían provocado eso. El tendón de Aquiles derecho había estado en contacto durante horas con la superficie dura de la carretera, causando un dolor persistente. Era prácticamente imposible perseverar y es por eso que fui directamente a la primera farmacia del siguiente pueblo. Compré un relajante muscular y seguí. El espíritu está dispuesto, pensé, pero la carne es débil. Al igual que Jacob, que había luchado una batalla desigual contra el ángel, dejándolo cojo, tuve que luchar una batalla desigual contra la carretera, camino a la tumba del apóstol.

En una de las últimas posadas administradas por la iglesia, tomé una lista de centros de acogida, a cargo de la iglesia en Santiago. La mayor era San Lázaro con una capacidad de unos pocos miles de camas. Luego había un hospital viejo y una gran cantidad de ellas por si las otras estaban llenas. De acuerdo con mi lista, primero pasaría por San Lázaro. Caminar se había convertido en difícil ahora, mi pierna derecha realmente me molestaba. Te encuentras con más y más peregrinos en las pequeñas aldeas. Llenan los bares y salen de las tiendas y eran, en general, un grupo animado, estaban por todas partes ahora. Allí estabas, caminando solo, con tu compromiso y tu sacrificio en tu mochila.

había envuelto el suelo de mi viña por primera vez con papel de aluminio, antes de salir de mi pueblo y había colocado ese paquete en una bolsa de plástico. Yo, de acuerdo con mi sueño, lo esparciría alrededor de la tumba del apóstol, para conectar su lugar de descanso final con mi granja. El sacrificio de libación, el vino de mi tierra y la bodega, que significan mi trabajo, los había puesto en un tubo de ensayo como contenedor, antes de salir y yo había sellado la parte superior con cinta adhesiva. El vino de mi país es único debido a la composición de la tierra, el ángulo de los campos al sol y los frutos, y la cantidad de horas de sol presente en el verano. Al esparcir mi suelo de la Granja y rociar el vino alrededor de la tumba, crearé una huella digital única de mi granja. Dos signos de exclamación, uno en Santiago, en su singularidad como santuario y uno como un indicador de donde vivía mi amor, Andalucía. Determinando el ritmo. La ofrenda de libación era la creencia mitológica griega para hablar con la persona fallecida, mientras llevas a cabo tu sacrificio. En mi caso quiero pedir un favor para mi ser querido. Apenas podía esperar para hacer mi aparición en la tumba del apóstol para darle mi respeto al santo.

Ahora, cuando el tiempo casi se acercaba para cumplir mi promesa y cuando me preparaba para la liberación que traería la salvación, pensamientos de ansiedad comenzaron a molestarme. Era el año 11 de un ciclo de 11 años, haciéndolo un año santo para los que irían a la primera misa y participarían en una confesión pública, después de completar la peregrinación. Renacerán de nuevo y estarán libres del pecado. La catedral podría estar muy ocupada, que está construida sobre la tumba. Imagino, que habría un control en la entrada, de armas o explosivos o lo que sea. ¿Sería capaz de convencer a aquellos que encontraran mis sacrificios sospechosos, que eran de vital importancia para mi esposa? ¿Me dejarían pasar?

¿Te examinarían y te registrarían al entrar en el santuario? Sería un desastre que la búsqueda termine a pocos metros de tu meta. Decidí llevar el paquete de papel de aluminio con la tierra en mi cuerpo y pondría el tubo de ensayo con el vino en un bolsillo y dejaría mi mochila y a mi amigo el palo afuera. Así que pasas más de una milla preocupándote de posibles finales negativos, sobre todo porque has llegado tan cerca ahora y el fin justifica los medios. ¿Me permitirán tomar mi bastón en el avión o seria visto como una posible amenaza? No me iría a Galicia sin mi bastón, me había salvado de los perros del infierno, había sido de apoyo cuando estaba cansado y parte de mí, mi energía estaba atrapada en ese palo. A mi regreso a la granja, iré caminando con mi bastón al árbol donde lo había cortado y daré palabras de agradecimiento. Entonces una calma se apoderó de mí, una comprensión que aceptaba la vida tal como es, me di cuenta: que las cosas van como van y no de otra forma y no tenemos el poder para cambiar eso. Mi compostura volvió a la normalidad y entré a la aldea para encontrar el refugio más cercano para pasar la noche...

La catedral y la tumba están situadas en el casco antiguo de Santiago. La catedral se diferencia de todas las demás iglesias que he conocido. Una de las torres contiene un faro de luz. Imagina un faro con la fuerza de un faro grande, pero sin arrojar su luz, por medio de un espejo giratorio, sino que brilla recto. Por la noche puedes identificarlo desde lejos y le da valor al peregrino cansado. Llama y transmite su mensaje que te insta a entrar; 'No te desesperes, no te des por vencido, estoy aquí esperándote'. ¿Hay algo más hermoso que la luz en la tierra?

Fue un día normal. Lloviznaba y estaba lleno de agallas, así que me metí en la ducha. Mi nervio ciático dolía menos si tomaba pasos más cortos y por lo que un excursionista se adapta a los problemas y está constantemente ocupado con problemas tales como los músculos tensos. Fue peor en la noche, bajo la gruesa manta de pelo de caballo, si giras, despiertas casi gritando de agonía. Levantarse se había convertido en todo un truco también. No podías simplemente dar un paso de la cama y desarrollar la actividad muscular, al sentarte en posición para ponerte los zapatos, a la vez. Para evitar más dolor, giras como una bola y te deslizas hasta el borde de la cama y luego empujas hacia arriba fuertemente con tus brazos, para terminar en una posición sentada. Entonces casi habrás pasado lo peor, levantarte a ti mismo con un empujón te haría aterrizar en el suelo. Era importante estar cerca de una pared, para que puedas encontrar y mantener el equilibrio.

Una vez en posición vertical, el dolor se calma después de unos 5 minutos y no se extenderá mucho. El nervio más largo del cuerpo, que va desde la zona lumbar hasta por debajo de tu pie, puede castigarte sin piedad, si lo has maltratado. Eres castigado en esta vida por las medidas equivocadas que has tomado. Después de un tiempo el dolor se convierte en una memoria persistente soportable de lo que había sido y por desgracia, sabrás eso hasta el siguiente día, tendrás que pasar por el mismo ritual doloroso.

El sello y Santiago. Por una variedad de razones las peregrinaciones eran muy comunes durante la época medieval, al igual que hoy en día. Un buen ejemplo para ilustrar es el 'Decamerón', un cuento italiano del siglo 14 que se conoce como un cuento de marco narrativo, los viajeros de la historia cuentan partes de su vida, antes de ir a la cama. Un texto muy similar del siglo 14 es el de Chaucher; 'Cuentos de Canterbury'. En la literatura histórica es visto como un texto importante, no tanto por méritos literarios, sino porque es el primer texto escrito en el 'viejo lenguaje'. El viejo inglés de nuevo, que denota un descenso del francés como lengua de estado en los territorios de habla inglesa. Después de que Guillermo el Conquistador cruzara el canal inglés, desde Normandía, Francia y ganara la batalla de Hastings en 1066, el inglés había sido reemplazado por el idioma estado del vencedor. El francés fue prestigioso hasta que aparecieron los cuentos de Canterbury.

Tal como los Países Bajos tenía su 'Pieter pad', 'La senda san Pedro', que lleva el nombre de San Pedro, que era una ruta que comienza en Holanda y cruza a través de varios países hasta llegar a Roma, había muy muchos senderos y caminos que conducían hacia la iluminación o la salvación. El Islam no se quedaba atrás en las peregrinaciones, tenían la peregrinación en La Meca, que era acompañada también por un gran auto sacrificio.

En la sociedad cristiana primitiva era un derecho otorgado ir en la peregrinación. Tu señor o dueño tenía que darte permiso para ir al calvario. La iglesia, junto con el rey y su ejército fue un factor determinante en la sociedad medieval. Dios había designado al rey y el rey tenía una obligación, proteger a la iglesia y a sus ciudadanos. La iglesia tuvo que implorar a través de la oración las victorias para el rey y sus ejércitos. También ungió reyes en nombre de Dios y coronó a emperadores. Los agricultores tenían que trabajar largas horas para obtener alimentos para la iglesia y el rey. Una sociedad funcional de tres vías.

Por razones religiosas tenías permiso de salir e ir en la peregrinación. Debías completar la peregrinación, sin embargo, si hacías uso de ese derecho, debías demostrarlo al volver a tu pueblo. La ofi cina del obispo hacía entrega de un documento a tal efecto, sellado ya sea por él o por su administración. Los sellos en esos días no eran cuestión de risa. Eran la representación de la persona que había sellado. Si abres sin la debida autorización un sello o la falsificas, eras castigado con muerte. Piensa en nuestros dichos que se originaron en esos días; 'Mis labios están sellados'. Solo si tenías la autorización para hacerlo podías abrir un sello. Había unos pocos lugares que llevaban el nombre del apóstol Jacobus o Iago.

Para designar Santiago donde fue enterrado el apóstol, la iglesia de Santiago concedió el derecho de cambiar su nombre por; "Santiago de Compostela", o Santiago del sello. *He visto la luz Allí, a lo lejos, vi a la luz brillante* (Eagles, Hotel California). Yo estaba cojeando ahora y había estado así por algún tiempo. Entré en un pueblo cerca de Santiago para pasar la noche. Las conchas me mostraron el camino y antes de darme cuenta, estaba fuera de una antigua posada. Una sensación melancólica me llamó la atención, dentro de un corto tiempo dejaría el buen camino, el camino que conduce a la disolución de los problemas en la vida. La posada apareció en una colina y daba a un valle y el pueblo. Bajé los brazos como si estuviera llevando una bandeja invisible y me quedé allí por un rato admirando la vista y dije: *'que todo lo bueno entre en mí'*, era una despedida para un momento especial en mi vida. A la mañana siguiente llegaría a San Lázaro, territorio de Santiago. De repente lo vi y mi corazón se rompió y todo mi ser estaba destrozado, muy lejos y apenas visible, un destello de luz irrumpió en el cielo. Bajo esa luz, en su tumba el apóstol nos llamaba: 'No se desesperen, no se den por vencidos, un poco más'.

Me hubiera gustado arrastrarme hasta allí si hubiera podido, pero podía haber estado a miles de kilómetros de distancia. Tenía que cruzar la distancia en mi propio tiempo y hacer eso, necesitaba descansar...

Uno sentirá el llamado a caminar la senda cuando llegue el momento. Todos caminaremos nuestro camino a la salvación en nuestras vidas, en nuestro propio tiempo. No puedes adelantarte, quienes se apresuran pronto a ese camino, solo lo verán pero no lo encontrarán. No estaban lo suficientemente bien preparados para el camino, algunos de nosotros encontraremos las respuestas sin buscarlas, eso no los hace mejor o peor, simplemente diferentes. Un alma vieja reconoce más y más pronto que otras almas. Ese es el resultado de un proceso de muchas experiencias pasadas. Mártires murieron con una sonrisa en sus labios, sólo hay un dolor que te puede causar y es sólo el dolor físico. El sufrimiento espiritual es mucho más cruel.

Después del ritual de dolor para levantarme, mi emoción era grande. Este sería el día en que entraría a Santiago, literalmente entrar. Habría caminado 1,042 kilómetros para pedir el favor para mi amada. Santiago es una ciudad grande, al igual que cualquier capital. El territorio de la ciudad no es el mismo que el de la ciudad. Basta con compararlo con Ámsterdam y un Ámsterdam más grande, Randstad, que envuelve a varios pueblos y ciudades en su reino de influencia, o Londres y más grande que Londres, que se extiende a diez millas, o Nueva York por decirlo. El sacrificio personal real tenía ya había tenido lugar, había sido un cordero vulnerable y me había convertido en un cordero inocente. Ese es el efecto del camino, si te abres a ir en él. Mi corazón cantó una canción de alegría, una canción extraña sobre el amor que sentía por todo a mi alrededor, sobre mis hijos que habían llenado mi vida, sobre mi querida, los campos que había trabajado y que vería de nuevo en poco tiempo.

Una canción que duró unos pocos kilómetros, sin palabras, sobre los sentimientos y un abrazo cariñoso con vida y lleno de nostalgia.

Un ladrido a lo lejos, me devolvió a mi tarea. Después de caminar unos 5 minutos vi una gran casa con su jardín amurallado. Asumí que el ladrido salió de detrás de esa pared. ¿Cómo podía el perro sentir mi acercamiento? Él posiblemente no podía verme debido a la pared y el tráfico a lo largo de la carretera nacional ahogaría cualquier sonido de mis humildes pasos. Cuando pasé por la puerta vi al perro, saludándome y ladrándome de una manera exuberante. Ellos sienten y saben más de lo que vemos y oímos, pensé. Qué pasa con los perros de estos tiempos, me pregunté, mientras bajaba de ritmo para no forzar mi tendón de Aquiles. Unos minutos más tarde, mi venida fue anunciada de nuevo desde una distancia. Se está volviendo peculiar, recuerdo que pensé, como si te recibieran y, de paso, te ven ir. Después de un momento las casas se hicieron más numerosas y los perros se alejaban de mi existencia.

Seguí las conchas y las flechas y vi un cartel que anunciaba la proximidad de San Lázaro, un recinto de Santiago. Entonces me encontré con un letrero que me daba la bienvenida al territorio de Santiago, 'Bienvenido a Santiago de Compostela'. '**Síiiiiiiii**', grité, el grito incontrolado se elevó por encima de los transeúntes, como si hubiera anotado el touchdown decisivo en las fi nales. '**Síiiiiiiiiiii**', grité de nuevo y levanté mi bastón hacia el cielo. Había llegado a la ciudad santa del apóstol, lo había hecho. Yo, un viejo remanente de la era hippie había cruzado España en diagonal, sin lucha alguna, es cierto, pero aquí yo era el mismo. Levanté mi palo de nuevo al cielo y un rugido de lo más primitivo de su origen escapó de mí, haciendo eco. La gente me miraba de una manera simpática, no me importó. Yo estaba solo y grité de nuevo a todo pulmón.

Ahora los has visto todo el tiempo, los peregrinos, prácticamente, con un palo falso que no lleva peso, con una concha de plástico y una calabaza colgante en miniatura de plástico. Un poco patético, un poco como los europeos que van a los Estados Unidos en 14 días, o al revés, los estadounidenses que van a Europa en 10 días, saliendo ambos grupos con una mezcla de imágenes que no pueden identificar y un conocimiento artificial, de revistas. Es imposible llegar a los Estados Unidos en 14 días, de ninguna manera, José. Aunque los peregrinos plásticos son carnavalescos en un alto grado, ¿quiénes somos nosotros para juzgarlos? Tal vez esto es lo más cercano que han estado del camino y entonces ha significado mucho para ellos.

Llegué a un bar que vendía comestibles también, no perdía nada con tomarme un café y comprar mi lata de alubias, pensé y entré. Un letrero en la puerta prohibía la entrada a la gente sin calzado. Apuesto a que un grupo de monjes bajo penitencia ha pasado por aquí, sonreí para mis adentros. Pagué por mi café y por las alubias y le pregunté a la chica detrás del mostrador en dónde podía encontrar la posada de la iglesia. A la vuelta de la esquina, dijo.

La posada de San Lázaro era un enorme complejo, administrada por una multitud de recepcionistas detrás de un mostrador. Contiene miles de camas, por lo que es lógico pensar que la organización sería más profesional. Estamos completos, me informó un chico un chico muy amable. Necesitarás caminar hacia el albergue. Te daré un mapa pequeño pero muy útil para que llegues allí. No te puedes perder, hay un letrero que dice 'Acquarius'. Después de echar un vistazo al mapa vi que tenía que cojear otros 10 kilómetros, le di las gracias y salí de su vida...

Esto era demasiado bueno para ser verdad, pude dormir en un lugar llamado *'Aquarius'*. El simbolismo era casi demasiado para envolver. Aquarius era el único exito tocado por el grupo; 'The fifth dimension' a finales de los años sesenta, había sido el tema musical de, 'Hair'. Su nombre real había sido, *"the age of aquarius"*. Aquí es donde mi pasado estaba llegando a mí, las expectativas de un mundo mejor habían sido tan altas en los años sesenta, hermosos textos místicos, con una creatividad y expresión del espíritu libre convincente por una generación a punto de tomar las riendas de la vieja generación que no había sido capaz de hacer realidad sus ideales: *Aquarius, Aquarius...*espero que me dejen descansar aquí antes de finalizar mi petición.

'Cuando la luna
    está en la séptima casa
      y Júpiter se alinea con Marte,

entonces la paz que sobrepasa todo entendimiento
guiará a las estrellas,
este es el amanecer de la era de Acuario, Acuario, Acuario'. (Fifth dimension)

Éramos una generación maravillosa, con la esperanza de ver mejores condiciones. O eras un hippie o eras formal, eras un raro o un santurrón, eso no importaba, todos éramos parte de la misma nueva ola del tiempo que provocó enormes posibilidades.

En la era del renacimiento del hombre moderno, el hombre de pensamiento libre. Todos reconocimos que éramos como agua en el rabión, con una velocidad que no podía disminuir ni ser controlada. Desde los años 60, el pensamiento occidental nunca fue lo mismo. Exponente y un ejemplo para el espíritu del tiempo y que era alternativa, era una empresa, llamada el 'autobús mágico'. Era un servicio de autobús hippie muy irregular, con una parada de autobús improvisada detrás de la estación central de Ámsterdam. Te llevarían a Turquía o Marruecos y te podían llevar de nuevo a Ámsterdam, si podían es que pasaban unas semanas después, era un gran 'si'. No solo compartías los gastos de viaje, tenías que compartir todo, todo. Un hombre como ese era un hippie, todo eso era fenomenal. Con más tiempo en tus manos podías ir hasta India, para buscarte un gurú, un chico que en realidad te da una patada. En resumen, había sido el amanecer de la era del Acuario. Con un nombre así, la posada sólo podría ser una 'Nueva Era'. Mañana saldría de un mundo místico. Me pregunté si no me notaban como forastero, 'Aquarius' y sobre qué clase de gente estuvo en el rabión, tronando por una cascada, el rabión que había experimentado como positivo.

Se había vuelto muy bulliciosa, con calles congestionadas de tráfico y semáforos. Podías oler los coches ahora, sí, estábamos de vuelta a la ciudad. La gente caminaba por las aceras con gafas, pero no chocaban contigo. Personas desconocidas y preocupadas con el ajetreo y el bullicio de la vida. El tiempo había recibido un empujón en la espalda y el impulso le había dado impulso. Todo el mundo iba a algún lugar por una razón u otra. Yo había entrado en el mundo de las citas de nuevo. Vi una concha y un poco más tarde una flecha como un asidero en este mundo loco. La flecha apuntaba hacia un edificio de apartamentos, desde lejos ya podía ver a dónde me iba a llevar. La planta baja consistía de 5 pisos, diría, por la cantidad de puertas, la pared tenía colores psicodélicos, que saltaban a tus ojos. Más tarde me enteraría que efectivamente había sido un cúmulo de 5 pisos, con paredes rotas. Los murales representaban a la 'India mística'. Habrías esperado el autobús mágico estacionado allí, justo a lo largo de los apartamentos. El autobús mágico pertenecía sin embargo, a una era diferente y había permanecido allí. Me tomó unos minutos antes de llegar frente a 'puerta principal'. No había timbre, para ser visto, había que llamar a la puerta. Una especie diferente de abadía, me imagine.

Una mujer joven de unos treinta años abrió la puerta, la habitación detrás de ella tenía un aroma a incienso y vi una pipa de agua en una gran mesa de madera. Bienvenido, entra, ella dijo: Yo soy Sjaja, ¿te apetece una taza de té? Si me gustaría una taza de té y me senté a la mesa larga, un recipiente con agua que hervía estaba rodeado de pequeños vasos. ¿Cuánto tiempo te quedarás? Ella me preguntó. Sólo estoy aquí por un corto tiempo, le contesté, y sentí que me deslizaba a una realidad distinta, bebe tranquilamente tu té y luego te mostraré los locales, dijo mientras me servía té oscuro. Parecía un poco en mal estado, todo aquí era de segunda o tercera mano, pero eso no me importó mucho. El ambiente era muy relajado, como el hombre bueno. Pequeños grupos de la 'Nueva Era' estaban esparcidos alrededor, algunos sentados en el suelo, otros hablando y algunos mirando por un segundo cuando pasábamos. Me mostraron una litera que iba a ser mía esa noche y puse mis cosas en la parte superior de la misma.

Miré a mi alrededor por un momento y me acerqué a un tablón de anuncios con mensajes clavados en él y muchas fotografías de lo que parecía ser la India. Sjaja se paró a mi lado y empezó a hablarme de Aquarius y cómo se fundó.

Habían comenzado con unos amigos para apoyar un proyecto de la escuela en Nepal. El poco dinero que se ganaba aquí, ella explicó, era una fortuna en Nepal y hacía milagros. Comenzamos a alquilar unos dormitorios y los beneficios iban a Nepal. Un día llegó un peregrino, porque todos los demás hoteles estaban llenos. Eso nos dio la idea de hablar con la iglesia y ofrecer nuestros servicios como una posada. Podríamos satisfacer nuestras propias personas, pero atender a los peregrinos también. San Lázaro estaba muy entusiasmado con la idea y nos envía sus peregrinos a nosotros. Les pagamos el 25% de las ganancias a cambio. Los dormitorios se llenan cada día y San Lázaro recibe el dinero que de otro modo no habría llegado ellos.

Suena como negocio. Sjaja sonrió, bueno, ella dijo: una mano lava la otra. Hay más beneficios, llegamos a conocer a mucha gente inspirada de esta manera, gente que no tenemos que ir a buscar. Mira, dijo: mañana irás a la catedral y dentro de un rato iré a Nepal para llevar a cabo nuestro sacrificio y señaló una pequeña caja de contribuciones que estaba de pie sobre una mesa con el letrero al lado que decía: donaciones. Si sientes la necesidad de donar, por favor hazlo, dijo. Un poco de dinero aquí hace milagros allí. Dios no tiene color, continuó y hablaba con cada uno en su propia lengua. Puedes donar ahora o más tarde como lo desees. Buena estrategia, pensé, mientras depositaba unas cuantas monedas en la caja. Le das sentido a tu vida, le dije, me gusta eso, tú y tus amigos por supuesto, de lo contrario no estarías en el mismo círculo, siempre buscamos las ideas afin es en la vida ahora, ¿verdad?

Voy a volver aquí en el futuro, continué, tal vez no este año, pero volveré para escuchar cómo tu proyecto ha prosperado. ¿Y por qué no simplemente te quedas? dijo, hay mucho por hacer. No en esta vida, le contesté, con una sonrisa, pero de una manera seria. Ella no contestó mi sonrisa, pero me miró intensamente por un minuto. Estás en tu última vida, dijo, y es por eso que te estoy invitando. En ese momento llamaron a la puerta y eso trajo un final cruel para nuestra conversación. Ella con gracia se dirigió a la puerta y la abrió. En su interior, ella comenzó, mi nombre es Sjaja, ¿quieres una taza de té? Fui al dormitorio y yo sabía cómo Ulises se había sentido cuando escuchó la canción de las sirenas...

Me despertó la música oriental, siempre la había apreciado y en una vida diferente me habría quedado y habría dado toda mi energía al proyecto Nepal. Aquarius no podía resolver todos los problemas del mundo, simplemente habían iniciado en algún lugar, que era tan bueno como cualquier acercamiento. Era muy peculiar, al menos, y las donaciones llegaban a su destino. Cada gota que cae en un plato de metal hirviendo puede parecer inútil, pero lo enfría un poco y créeme, si decides llevar agua al mar un día, el nivel del mar se elevará. Podría ser difícil de medir, pero se elevará. La herencia de los años sesenta había llegado hasta aquí y la rueda inventaría el tiempo y la hora otra vez, por los idealistas.

Me sentí como un terrorista. En mi cuerpo yo llevaba, oculta, la bolsa de plástico con el papel de aluminio con tierra de mi granja y en los bolsillos de mis pantalones vaqueros tenía el tubo de ensayo con vino. Traté de sellar la pequeña bolsa contra mi pecho, pero la cinta no era lo suficientemente fuerte y la bolsa habría comenzado a deslizarse hacia abajo. Consideré fijar lo entre el cinturón y la parte baja de mi estómago, pero me di cuenta de que iba a moverse mientras caminaba, o peor aún, podría perderlo. Finalmente elegí el bolsillo de mis pantalones vaqueros, estaba en equilibrio perfecto ahora. El tubo de ensayo en el lado izquierdo y la tierra en el lado derecho. Era obvio que no había disfrutado del beneficio de un entrenamiento en Yemen. Preguntas que nunca pasaron por mi mente, ahora lo hacían. ¿Cómo lo hacen los terroristas? Había dejado mi mochila en mi cama. Imaginé que Sjaja deduciría que volvería más tarde durante el día, realmente esperaba que no le diera mi cama a otro. Tenía que quedarme un día más para seguir una de las dos opciones del plan maestro que yo había ideado. La decisión sería entre la misa o la tumba.

Era extraño caminar por primera vez en semanas sin mi mochila o mi bastón. Te hace sentir ligero. Fácilmente podrías caminar entre las personas ahora. Llovió por supuesto, pero que otra cosa podrías esperar. Andalucía siempre necesitaba agua y mi pueblo siempre añoraba la lluvia y sin importar lo corta que era una ducha, siempre era recibida con gozo. La calle se dirigía a la parte vieja y ahora estaba en la subida, que me llevaría a la ciudadela con la catedral. A mi izquierda pasé por un enorme edificio con la palabra; 'Biblioteca'. Era una biblioteca y me decidí por mi camino de regreso a hacerle una visita.

Los taxis iban y venían y los paseos laterales desaparecían para dejar sitio a un antiguo camino de piedra. Había chicas con bandejas fuera de las muchas pastelerías que ofrecían las delicias locales, ofreciéndote bocados gratis con la esperanza de que entres a las tiendas y compres pasteles. Sostienen la bandea y te preguntan si deseas probar algún bocadillo. Lo rechacé, yo estaba en misión. Había un montón de furgonetas que entraban en la calle detrás de mí. Algo estaba pasando, la cantidad de camionetas de la policía no era justificada por los peregrinos pacíficos en el camino a la ciudadela. Al acercarme a la plaza principal vi a pocos metros a un policía, algo estaba terriblemente mal.

La tumba o la misa, estaba en duda. Me había imaginado dos posibles finales para mi peregrinación. Uno era lo físico, ir a la misa y perdonar todos tus pecados, después de una confesión pública e ir a la cripta del renacer, que era atractivo. El segundo fue el redentor de la promesa y la mendicidad del favor, una oclusión espiritual y la misa era solamente una vez al día, la misa de pescadores. Estaba preocupado por la cantidad de guardias que caminaban y la redención de la promesa y decidí investigar el asunto un poco más. Había dos entradas a la catedral, una llegaba a la tumba y la otra a la misa de los peregrinos o pescadores. Si la mayoría de peregrinos iría primero a la misa, entonces la atención se encontraría allí y yo tendría que tener cuidado en aquel lugar donde había mucha seguridad. Obviamente, siendo del norte de Europa y puntual, yo estaba allí demasiado pronto y decidí pasar mi tiempo con sabiduría y tomé un café en un bar y en el baño verifiqué mi paquete con papel de aluminio. Decidí que iba a mantenerlo apretado debajo de mi axila. Mantienes tu brazo cerrado y luego sales de la capilla y te diriges a la tumba.

Si tan sólo pudiera esparcir la tierra antes de pasar cerca de los guardias, sería feliz. Entonces, al menos, ese poco habría cuidado la conexión de la tumba con mi granja. El tubo de ensayo con vino, si es necesario, lo arrojaría en la tumba, luchando si no quedara más remedio. Una buena manera de perder la vida, por la Guardia Civil, me imaginé. El proyecto en Nepal, de repente se convirtió en una tercera opción muy atractiva. Podía imaginar las imágenes en la corte, siendo reproducidas una y otra vez. Las imágenes de las cámaras de seguridad. Un gran compañero luchando por sacar algo de su camisa y luego tirarlo, algo que bien podía ser una bomba y cualquier jurado lo entendería. Si más se dieran cuenta de que la bolsa plástica contenía tierra, entonces saldría en las noticias como un fanático religioso peligroso. Sí, el portavoz de la policía diría, es muy lamentable, pero vivimos en un país lleno de vascos, no teníamos otra opción, entiendan, no teníamos más remedio que disparar.

Cuando salí del baño, la noticia llegó impulsivamente de la televisión, peleas habían estallado en la catedral de Córdoba, uno de los edificios más antiguos de España. Cuenta con un techo de 10,000 metros cuadrados, una notable proeza técnica de construcción en el año 800, sin rayos láser y otros equipos modernos. Musulmanes fanáticos habían luchado y habían desenrollado alfombras de oración para comenzar a alabar a Alá y el profeta Mohamed en voz alta. Esta es la semana católica más santa en España; "la semana santa" o Pascua. Imagina si los cristianos lo hacen en Irán, serían despedazados vivos o apedreados o ambos. Qué lamentable, lamentable, todavía tenemos un largo camino por recorrer en este mundo.

Esto no tenía nada que ver con la religión o adoración a su creador, esto no era más que un montón de jóvenes musulmanes políticamente equivocados, que no serían capaces de discernir su mano derecha e izquierda, a la hora de realizar una declaración. La profanación había traído una lucha feroz entre los guardias y los musulmanes fanáticos, dejando heridos en ambos lados. Cómo es posible pelear en la casa de Dios por el nombre diferente en la semana santa de la Iglesia, Pascua, nuestra Semana Santa. ¿Cómo puedes ir?

De repente recordé por qué había visto muchas furgonetas, las furgonetas de la policía y por qué las calles estaban llenas de policías. Contaban con posibles acciones musulmanes similares en Santiago. No podían los musulmanes fanáticos esperar un día con su acción de protesta contra el cristianismo, ahora que habían realmente complicado mi vida. Este fue un caso claro de "karma", que dirigía mi destino. No sólo mi elección se complicó ahora, sino estaba siendo obstaculizado por las influencias que no tenían nada, pero absolutamente nada que ver con mi peregrinación. Ahora, incluso los musulmanes habían entrado en esa zona para ser un obstáculo y para que mi misión fracase. Hechos en Córdoba, ahora, tenían consecuencias en Santiago. Tenía que hacer una elección ahora, a raíz de la "ley de Murphy", había hecho con éxito la elección equivocada en cualquier cruce. Comprendí plenamente que algo en Córdoba, Andalucía, desde donde lo había dejado, se estaba extendiendo como una mano maligna para aplastarme aquí en Galicia, justo cuando me acercaba a la santa tumba del apóstol. ¿Hasta dónde llega la maldad?

Una obra de teatro en la que fui parte como un estudiante me vino a la mente. Se reducía para crear uno sola opción de las dos. Dos puertas frente a ti, una se abre y allí está tu amante, una bella dama y la otra esconde un tigre hambriento. Fue llamada apropiadamente; 'la dama o el tigre'. La apertura de una puerta a una vida dulce y agradable, y la otra a una muerte segura. Suspiré profundamente, tomé coraje y salí del bar, crucé la antigua plaza y me fui para las dos puertas. 'Maldito tigre', pensé...

No hay tiempo más que perder, sea cual sea el resultado, la oferta había sido preparada durante semanas, el momento se había anunciado, se habían cumplido las condiciones del sueño y el camino se había completado. 'Señor, he sufrido y he seguido lo que se me presentó y yo estoy aquí porque este lugar está cerca de ti, el lugar donde está enterrado tu hermano. Me he ganado el derecho a pedirte un favor'. Estas fueron las palabras que pasaban por mi cabeza mientras estaba cruzando la plaza. Yo sin embargo, tenía que pasar cerca de los guardias con el fin de pronunciarlas.

Había mucha gente asistiendo a la misa, todos renacerían orando. Fui a la puerta y había menos personas esperando, a la entrada de la tumba. Dos guardias civiles estaban instalando una puerta detectora de metales y uno estaba sentado detrás de una pantalla del ordenador, un cuarto vigilaba a sus colegas. El cuarto también sostenía un radio, que estudiaba con gran interés. Los hombres que ponían la puerta necesitaban una extensión adicional y el hombre detrás de la pantalla estaba bebiendo una taza de café. Yo estaba esperando pacientemente con dos hombres más. El bebedor de café nos saludó con la mano, vamos, dijo, todavía no ha finalizado el día y tomó un sorbo de café. Seguimos caminando. Traté de caminar de una manera indiferente y esperé a que me gritaran en cualquier momento, pero eso no sucedió. Me pregunté si hubiera sido el mismo procedimiento si hubiéramos tenido una apariencia más árabe. Mi corazón latía fuertemente. Mi abuelo, como siempre durante su vida, había tenido razón: *'Ponle una gorra a un idiota y él te ordenará'*

Caminé hasta el pasillo central y me sentí agradablemente solo. Los otros dos hombres se dirigieron hacia otra parte de la capilla. Asentí con la cabeza respetuosamente en la cruz y saludé a la santa virgen María, inclinándome un poco con mi rodilla derecha. El altar estaba colocado en el punto central de la catedral, donde se juntaban lo ancho y lo largo. Oh señora del dolor, pensé, a tu lado tienes a un hijo crucificado y bajo tus pies se encuentra tu otro hijo. ¿Cómo has sufrido?

Seguí la señal, tumba. El altar estaba elevado y un camino con postes de cobre con una cuerda en el medio guiaba al visitante hacia una escalera. Era una escalera que conducía a un túnel, con poca luz. Un trayecto subterráneo iba bajo el altar hacia la tumba. Entras en un cementerio desde un lado y sales de allí subiendo un tramo de escaleras en el otro lado. Los visitantes toman la senda que pasa por la tumba y quizás se toman el tiempo para decir una oración y salen del otro lado para pasar cerca de la imagen de Santiago. En el lugar de entierro hay bancos de oración frente a la tumba y al final del cuarto con la espalda contra la pared hay dos sillas para los guardias.

Bajé y sentí mareos, no había comido nada. El aire se hizo pesado alrededor de mis pies y yo estaba en el camino de nuevo, este túnel era el último paso antes de la tumba, que era el camino. Aunque era un largo trayecto que parecía corto, el tiempo se había convertido en algo que debías sacar provecho. Estaba emocionado. Estaba cansado, muchas cosas habían pasado, me esforcé para caminar, como si estuvieras caminando en aguas espesas. Me distraje por un banco fl otante, un sabueso infernal me aulló, estaba nevando ahora a mi alrededor, un hombre con cara maligna escupió entre mis pies y el aire, me faltaba aire, no podía respirar. ¿Hasta dónde llega la maldad? Pensé. Mi corazón 94San Daniëllatía con fuerza y perdía latidos. Mi corazón, pensé. Los latidos llegaban a mis oídos. Señor, ten misericordia de mí. Me encontré en la sala de sepultura y el mundo real puso su capa protectora alrededor de mí. Protegido en la seguridad de la tumba. Los dos guardias miraron y vieron a un hombre que tropezaba, desde el pasaje. '¿Estás bien?', quiso saber uno de ellos. 'Como nunca antes, gracias', contesté.

Los guardias volvieron a sus sillas y se sentaron de nuevo y me dieron un paso adelante y mientras caminaba, tomé la bolsa de debajo de mi axila y cuando me acercaba a la tumba la tierra ya estaba en mis manos. Caminé hacia el sarcófago y me arrodillé y dispersé sin llamar la atención un poco de tierra en el lado y fui alrededor de la tumba de rodillas cuatro veces para completar este rito. La tierra ahora estaba dispersa como polvo alrededor de la tumba. Me sentí como un hechicero. *'Santiago, hermano de Cristo, he aquí mi tierra, he seguido mi sueño y te conectado a donde vivo con mi ser querido'.* Tomé el pequeño tubo en la mano, *'el vino que es mi sangre y mi sudor, es el vino que es puro de mi tierra'.* Mi espalda todavía estaba contra los guardias, fue agradable que la habitación estuviera tranquila, pero mal iluminada.

Los guardias vieron a un hombre de rodillas, pero eso no era algo fuera de lo común. *Este es mi sacrificio de libación*, y rocié un poco de vino de un lado al otro y caminé hasta el otro lado y repetí el rito. *'Este vino me representa, representa a mi trabajo, recibe mi vino y escúchame'.Señor*, me han dicho que forje un nuevo pacto, para mí era claro que el momento de un nuevo pacto había llegado. Lo he hecho. Estoy aquí de rodillas con mi alma desnuda, para pedirte un favor y tengo derecho de hacerlo, he sufrido y me he sacrificado y me he convertido en puro espiritualmente, en pensamientos y acciones. Semanas enteras te he elogiado y he recogido todo lo bueno dentro de mí y mi camino me ha hecho más humilde de lo que nunca fui. He seguido el camino sin quejarme y no pedí ningún favor para mí mismo.

Te lo ruego, en nombre de todo lo que es bueno: *'**Salva a mi amada**'*. Ya que te he traído el vino y he conectado mi casa con la tumba, así que me ofrezco, quiero ser el vino y quiero derramarme si es necesario, tómame, pero salva a mi amada, no tomes a la madre, mi querida, lejos de sus hijos que todavía la necesitan. Si tiene que ser una vida por una vida, considera mi oferta, tómame, pero salva a mi amada. Gracias por escucharme, Te amo con todo mi corazón. Levanté mis manos y, si existe tal cosa como una bendición, entonces bendije la tumba con todo el bien que yo tenía en mí.

Yo me quedé de rodillas por un momento después de feliz tranquilidad y cuando estaba realmente vacío, me levanté e hice la señal de la cruz. Asentí con la cabeza frente a la tumba para despedirme, me incliné por respeto y me dirigí al túnel y subí las escaleras sin mirar atrás. El aire ya no era tan denso, ya era un peregrino. Yo tendría que crecer acostumbrado a mi nueva vida, poco sabía yo de la señal que me estaba esperando afuera....

El hombre recién nacido contempla su entorno, se siente iluminado y es sorprendido por tanta belleza a su alrededor. El sacrificio se ha realizado y de nuevo las fuerzas del infierno han recibido una bofetada. Él sabe con certeza profunda que la bondad siempre prevalecerá. El que es cosa insignificante en el universo se siente conectado con todo. Podía bailar de alegría y pudo entender al rey bíblico David que bailó en éxtasis por las calles de Jerusalén. Todos construimos nuestra propia Jerusalén, la ciudad de la que somos responsables. La ciudad eterna.

El primer paso exterior a través de la puerta monumental de la catedral, me llevó a la cegadora luz del sol, que bañaba con fuerza la plaza con la luz y el calor. Como si el sol estaba siendo derramado sobre la catedral y todo lo que le rodea. Tuve que parar por un minuto y parpadear varias veces para que mis ojos se acostumbraran al bombardeo de la luz. Había dejado de llover, por fin. La luz de la tumba evidentemente contrastaba con la plaza que estaba llena de luz. Escuché el zumbido de una máquina y busqué la salida del sonido. Una pequeña excavadora de las obras públicas estaba trabajando en la plaza, justo debajo de mí, donde la escalera que conduce hacia abajo de la catedral conectaba a la plaza de piedra.

Al lado de la pequeña excavadora había una camioneta de un equipo de plomería y había una persona sobre su pala disfrutando de un cigarrillo. Un agujero había sido cavado que medía alrededor de 10 metros cuadrados, cercado por una valla de alambre municipal con un letrero que decía: 'hombres trabajando'. Como en un sueño caminé por las escaleras hacia la valla más cercana. Asomado por la cerca, le hice señas al trabajador. 'Señor, Señor, ¿puedo pedirte un favor? El hombre me observó con curiosidad, con un poco de humo saliendo de sus labios. '¿Qué?' preguntó el hombre. 'Quiero un poco de tierra, por favor' le dije mientras le alzaba una bolsa de plástico. El hombre se encogió de hombros, sonrió y dijo: "si hombre" y lo llenó con tierra, todavía húmeda al ver el sol por primera vez en muchos años. Ahora voy a conectar este lugar santo con mi finca en Andalucía. La granja ya estaba conectada con la tumba, ahora en orden inverso, quería completar el rito al dispersar la tierra santa alrededor de mi casa. 'Gracias', le dije y quedé realmente agradecido.

Había caminado dos pasos cuando sonó mi móvil. Lo sostuve a mi oído y escuché al 'Viejo', el presidente de nuestra peña en mi oído. '¡Daniel! ¿Dónde andas?' El presidente de la peña quería saber dónde estaba. 'Hombre, Viejo', ¿por qué no me llamaste cuando te necesitaba? Yo estaba en un bar, el Viejo continuó y todo el mundo en el pueblo está hablando de ti y especulando dónde te encontrabas ahora. Lo he logrado, Viejo, hace un momento, le contesté.

Dios te bendiga, Niño, hijo mío, respondió el Viejo que era unos cuantos años mayor que yo. Ahora regresa rápidamente, ¡oye! La próxima peña estaré a tu derecha, me dijo y me colgó. Llamé a mi amor y le dije que lo había logrado y le dije que quería ir a casa lo más rápido posible. Que no podía esperar unos días para mi vuelo de regreso y que no quería tardar, y de repente me sentí muy solo, era un extraño en una provincia extraña. Toma tu tiempo, dijo mi amor, no tengas prisa, cuídate un poco. Estoy bendecido en medio de la humanidad...

El obispo tiene su oficina en Santiago de Compostela, caminé alrededor de la catedral y la encontré en una calle antigua, oficina del obispo. Estaba cerrada y tenía horario limitado. Estaría disponible justo después de la misa de los peregrinos o de los pescadores a la mañana siguiente. Puedes obtener tu sello, el documento de finalización después de presentar tu pasaporte de peregrino y los sellos de pago de las pensiones de la iglesia. Estaban en mi mochila y decidí buscar un ciber café e investigar cuáles son los medios más rápidos de vuelta. Tren o autobús. Decidí asistir a la primera misa y físicamente nacer, después iría a la ofi cina del obispo para presentar mis credenciales y obtener mi 'Compostela'. En la misa me acordaría en oración de todos aquellos que me habían ayudado durante el viaje; el propietario, el hombre de los tomates y el panadero y su familia.

Armado con la tierra de la plaza frente a la catedral, me puse a buscar un ciber café. Pronto me enteré de que el tren no era una opción, ya que la estación más cercana estaba a 120 kilómetros de mi pueblo. El autobús era la siguiente opción y me enteré de que podía llegar cerca de mi pueblo. Empecé a copiar los horarios de autobuses y estaciones y las horas de espera entre los servicios de conexión. Después de un rato ya tenía todo planificado, lo que me daba un par de horas entre aquí y allá, en caso no llegara a tiempo cualquier autobús. Se había convertido en una impresionante lista. Decidí pasear un poco por el casco antiguo antes de caminar por el camino de la terminal de autobuses, sólo para saber dónde estaba, de vuelta a Aquarius.

Caminé hacia la puerta pintada y toqué suavemente pero con claridad. La puerta se abrió y me saludó Sjaja, sabía que ibas a volver, ella dijo, ¿te gustaría beber té? Música celestial divina de los años 60 vino a la posada. ¿Te molesta? ella preguntó, ya sabes, la música, mientras me llevaba junto a la mesa de mi brazo. No, para nada, le contesté, es buena para el momento. Es de 1967 o 68 y se llama: *in a gadda de vida*. ¿Sabes lo que significa? ¿Aún no? No, no sé, dijo Sjaja, simplemente me gusta. Eso es porque instintivamente sientes de qué se trata, continué. Así que, ¿qué significa? preguntó Sjaja. 'In a gadda de Vida' significa: en el jardín de la vida, le expliqué, el jardín del Edén, ese tipo de cosas. Fue un éxito por un grupo llamado 'Iron Butterfly', música psicodélica muy pesada. La música se lleva y ahoga tus pensamientos, llenando tu cabeza con sólo sus textos, cada vez que lo oyes, lo experimentas de manera diferente. Esta música es como una droga para mí, al igual que la ópera es de una manera diferente, lo disfruto inmensamente.

Puedo decirte, Dijo Sjaja, que en realidad tienes ritmo. ¿Qué, qué? Le pregunté. Tu aura es energética, dijo en una cuestión de hecho, no toda tu aura, pero partes. ¿Puedes ver eso, puedes en realidad ver eso? Le pregunté. Por supuesto, ella dijo: Nosotros no simplemente vamos a Nepal, los seleccionados van a nuestro proyecto. Nos ahorra mucho trabajo si podemos preseleccionar. Puedo ver auras pero tenemos gente en nuestro grupo que es mucho mejor a la hora de leer auras. Entonces otra vez se quedan más tiempo en Nepal y están más sujetos a las influencias allí. Yo trabajo aquí. Soy un filtro de tipo, un búfer, si te parece. Este es nuestro portal para Nepal.

Entonces, ¿a qué te dedicas? ella me preguntó mientras ella servía el té. Yo puedo "ver" qué categoría te conviene, ¿puedes verlo tú mismo? Bueno, empecé, yo soy bastante bueno en un montón de cosas. No es lo que quise decir, ella dijo con voz de reproche. No se trata de habilidades, como conducir un coche o jugar al tenis, eso es más una cuestión motriz. Tengo una buena memoria, le dije, ¿Es ese el caso, o crees que ese es el caso y por qué lo crees así? Ella me había sacado de equilibrio. En comparación con los demás, dije, sé que tengo una buena memoria. Ahora estás hablando, dijo Sjaja. Acabas de decir algo que corresponde con lo que he escrito sobre ti, lo compararemos más tarde. Dime un don especial, un talento, si lo deseas, si ya lo has descubierto dentro de ti mismo, que se puede utilizar cuando otros no pueden hacerlo. No son objetivos cognitivos, sino como un talento. Puedo encontrar agua, dije de repente, es un fuerte sentimiento en mí. Sé dónde encontrar agua.

Dime cómo lo haces, dijo. Tomo dos alambres de hierro doblados en forma de 'L', empecé, y no los sostengo, dejo que descansen en mis puños cerrados. Si me acerco a agua los cables se cruzan y sin falta siempre hay agua debajo de los alambres. ¿Qué tan preciso es eso? ella quería saber. Muy preciso, le dije un poco irritado. Puedo encontrar una red de agua sin ningún problema en cualquier lugar. ¿Existe algún límite con la distancia? Me preguntó. No, le respondí, no lo creo. Sé, por ejemplo, que hay un río subterráneo que pasa por mi casa a una profundidad de 32 metros. ¿Cómo determinas la profundidad? Ella preguntó.

No te rías ahora, porque esto suena tonto. En estos casos siempre soy extremadamente seria, Sjaja respondió. Cuando los cables se cruzan, camino hasta que se separan de nuevo, eso determina la anchura del depósito. Luego marco los puntos donde se cruzaron por primera vez, sólo con unas cuantas piedras amontonadas, ya sabes y el último punto de la apertura y tomo una posición central entre los dos puntos. Luego, en turnos levanto mis pies haciendo y rompiendo el contacto con la tierra. Cada paso es de aproximadamente una profundidad de 10 metros. Si levanto mi pie tres veces, alternando los pies hasta que los cables se abren, entonces el agua se encuentra a una profundidad de 30 metros. Va con un sentimiento que es bastante exacto. Mis vecinos querían colocar un nuevo pozo y pensé que el agua estaría a unos 60 metros, pero resultó estar a una profundidad de 63 metros. Está dentro de un margen del 5%. ¿Siempre has sido capaz de hacerlo? Sjaja me preguntó. No, le dije con sinceridad, vi a alguien hacerlo y él me preguntó si yo quería probarlo. Lo hice y me salió bien, pero tampoco estaba convencido de si era agua o mis manos mismas cruzaban los cables.

Vamos, Sjaja quería saber, ¿qué pasó? El hombre me dijo que no me detuviera y me tocó con la mano plana entre los hombros y los cables se fueron a todas direcciones inmediatamente. Ahora te pregunto, dijo ella, ¿todavía te parece extraño que yo pueda ver auras? Veo lo que quieres decir, le dije. Déjame decirte por qué puedes encontrar agua, dijo, tienes un don para reunir una gran cantidad de energía que te rodea. Tus dos cables son un circuito roto. Transformas, tu cuerpo lee el agua y la energía se envía a dos de las terminaciones de las manos, al igual que un sacerdote y sus bendiciones. Los cables se cruzan si lees subconscientemente el agua. Al leer la profundidad rompes contacto con la tierra, levantando tu pie a la hora de establecer contacto de nuevo. Tienes relación con el agua de un campo magnético cambiante.

¿Qué has notado con los santos representados en las pinturas? Ella dio la respuesta. Un halo alrededor de sus cabezas. Independientemente si nos fijamos en una pintura que representa a Jesús, María o un apóstol, todos ellos tienen halos. ¿Estaban locos todos los escultores y pintores? ¡Por supuesto que no! Los artistas utilizan una parte diferente de su inteligencia, realmente ven los halos de los que han representado. Ellos eran más sensibles a eso. Estamos tan acostumbrados a la simbología que no vemos más. Volví a pensar sobre el 'gesto de hablar' de Cristo en la conferencia que había asistido hace muchos años. Los santos de todo el mundo están representados con halos. Estoy acostumbrado a ver halos, a veces es más fácil porque son más fuertes, ¿ves? Sí, dije, puedo seguir esa línea de razonamiento.

¿Qué sabes tú de auras? Ella me preguntó. Curiosamente, un poco, le dije. En los años sesenta un amigo mío estaba en 'Lobsang Rampay'. Leí muchos de sus libros. No tenía idea de qué hacer con él. Tuve un buen susto cuando Lobsang fue invitado como orador un día en la Universidad de Ámsterdam, fui y podías sentir que su personalidad llenaba la habitación. La siguiente conferencia fue sobre un compañero que podía hacer fotografías de auras. Ahora es una práctica común, pero a finales de los años 60 y principios de los años 70 esto era algo inaudito. Las personas tienen campos electromagnéticos que se pueden fotografiar. Así que no sé de hecho que algunos tienen un aura o un campo que puede ser visto o detectado, pero nunca he conocido a nadie que pudiera leer un aura. Vamos a probar esto, dijo, primero toma un poco más de té, y luego vamos a leer el agua y yo te mostraré un aura.

Ella regresó de la cocina, dijo, sólo ven aquí. Tengo pinchos de barbacoa doblados en forma de 'L'. Acompáñame por un minuto. Este bloque tiene una red de agua que entra bajo tierra. ¿Por qué no te marchas más allá del bloque y estableces claramente eso? Después de 4 o 5 pasos los pinchos comenzaron a moverse y se cruzaron. Justo aquí, le dije y después de unos pasos se cruzaron de nuevo. Oye, exclamé. No puedes detenerte ahora, dijo Sjaja, muchas gracias, la primera fue la red eléctrica y la segunda las aguas residuales. He visto lo suficiente, entremos de nuevo y me llevó del codo.

Vamos a echar un vistazo a un aura ahora, ella continuó. Mira mi cabeza y voy a pensar en algo agradable. Miré, pero nada cambió frente a mí. Dame tus manos, ella solicitó desde el otro lado de la mesa y tomó mis manos, ahora tenemos contacto, ¿Sientes algo agradable? Bueno, sí, le contesté. Mira mi cabeza otra vez ahí es donde el aura se manifiesta con más intensidad. Ahora mira mis ojos. Expulsa todo. Ahora no eres puro, puedo verlo desde tu color. Piense en la tumba y aleja la mirada de mí. Ahora, yo creía ver una neblina azul y verde.

Tal vez quiero ver que cruce mi mente y por eso lo veo, pero si mi mente me está engañando, entonces, ¿por qué de verde y azul? Mientras pensaba en esto, la niebla desapareció. No te estás concentrando, dijo. ¡Mira! Mírame. En verdad, suena gracioso, pero vi una luz azul, lo repetiré hasta el fi nal de mis días, no hay vuelta de hoja. Oye hombre, unos viejos gritaban, ¡nos estás dando luz! Sjaja, suéltame y la imagen desapareció de inmediato. Al igual que la estimación de profundidad en mi hallazgo de agua, cuando el contacto se había ido, la lectura se había ido. Qué color dominó, me preguntó. Sin duda, le contesté: azul. Tomó un trozo de papel donde había escrito: azul.

Muy bien Sjaja, le dije, fui el primero en hablar, lo entiendo. Tú y yo tenemos algo, me imagino, que no todos tienen. ¿Qué leíste del aura? Características de las personas, ella respondió, las enfermedades y tal como puedes estimar la profundidad, puedo estimar vidas. Coman con nosotros, dos agradables compañeros barbudos nos ofrecieron. Más adelante, dijo mi anfitriona, estamos ocupados ahora. Bien, los dos emanan luz, dijo el más joven. Mira él es el que va a Nepal, dijo Sjaja, podemos desarrollarlo un poco más allá. Qué estimas entonces, cuando estimas vidas, le pregunté. Sé si estás listo o no, ella me respondió: Puedo verlo por el color y el brillo de tu aura. ¿Listo? Le pregunté. Como si era de conocimiento común, ella respondió sin pestañear, tu karma, tus vidas. Ya sabes, comencé vacilante, ¿qué sucede cuando tus vidas se han ido? Sólo se han ido, cuando hayas completado tu curva de aprendizaje, dijo. De lo contrario no habría progreso. ¿Qué hay después de esta vida? Quería saber. Yo te mostraré eso en Nepal, dijo. No voy a Nepal, dije. Todavía no, dijo con una sonrisa. ¿Por qué quieres que yo llegué allí? Quería saber.

Perteneces a Aquarius, ella simplemente dijo, eres el amanecer de un acuario, te encarnas a él. Y ¿es eso bueno o malo? Le pregunté. Podríamos lograr mucho, allí, ella habló, podríamos completar eso. Puedo ver que tus vidas te han hecho muy analítico, podemos hacer buen uso de eso. Bien, dije, lamentablemente, eso no pasará, tengo la intención de esparcir un poco de arena de Santiago alrededor de mi casa. No voy estar aquí mañana, dijo. En ese caso, me gustaría darte las gracias por una noche muy especial y te deseo la mejor de las suertes en la obtención de tus sueños. Vamos a unirnos con el resto, dijo mientras se levantaba, lo cual hicimos hasta la madrugada. Antes de dormir, pensé en esta vida tan bella, en la que viajamos...

Me levanté y me bañé y me puse la única camisa limpia que había dejado y que había guardado especialmente para esta ocasión, el día de la terminación física de mi peregrinación, el final formal tomaría lugar durante la misa del pescador. Me pregunté cuántos auras Sjaja habría visto allí si ella hubiera venido ¿Todos tendrían la misma intensidad? Debí preguntarle si ella siempre miraba auras en todas partes o sólo cuando ella se centraba en una persona. Nos falta preguntar mucho, porque necesitamos procesar nueva información en primer lugar, antes de incorporarlo a nuestra forma de pensar. Yo había cambiado mi visión del mundo drásticamente, ahora ya no dudaba en las auras, en tanto que hace 24 horas no lo había considerado como una cuestión seria.

Puse mis pertenencias en mi mochila y sigilosamente, con el fin de no despertar a los demás, me dirigí a la puerta. La puerta estaba en el interior de una puerta normal, pero en el exterior una explosión de nuevos colores de edad. Así es como somos todos, me di cuenta, desde el interior somos completamente diferentes de la que aparece en la parte exterior. La puerta se cerró suavemente detrás de mí y salí de Aquarius, no podía saber si yo estaría en frente de la puerta de nuevo, dentro de dos años, en compañía de mi amada.

Después de la noche con Sjaja, nunca dudaría de cualquier afirmación de cualquiera que viera auras. El Dr. Lobsang Rampa había estado muy por delante de su tiempo como un místico y como portador de nuevos pensamientos para el Occidente. Yo había leído toda la información, que sólo había procesado ahora, de vuelta en los años 60 y ahora después de ver un principio de sus libros en función, me convencí de la credibilidad de sus libros. Todos somos como el incrédulo Tomás, que creería que Cristo había resucitado después de poner sus dedos en sus heridas. El hombre moderno es una combinación de ciencia y escepticismo. Me hizo pensar en algo que había leído o visto sobre los colores y los sonidos, y así digerir internamente las experiencias pasadas, entré en las primeras horas, sobre las calles desiertas de la antigua ciudadela.

Me encontré con la pista de los recuerdos olvidados en color y sonido. Yo había visto hace muchos años una serie documental sobre: 'súper humanos', por parte se presentó un caso inexplicable. Había un episodio sobre un compañero llamado 'la computadora humana' en un entorno de pruebas controladas en la Universidad de Nueva Zelanda, que habían demostrado su capacidad aritmética. Él era más rápido que un súper equipo en el cálculo de derivados. Se le preguntó en una prueba, recuerdo, para el cálculo de una matriz, a partir del día de la prueba hasta 2050 de todos los viernes que cayeran cada cuatro meses. Inmediatamente empezó a decir fechas, tan rápido como un subastador. Eran correctas.

Un episodio trataba sobre personas que veían flotar la música en colores, a la deriva, pero todos los días suena así. Casi eran locos. El grado de 'anormalidad' difería dependiendo al individuo que sufría. Algunos, estaban menos sintonizados a la combinación de la música y el sonido, sólo veían imágenes. Imagina, pensé, que alguien cierra una puerta y una ola de color de sonido venga hacia ti. Te acostumbras, por supuesto, pero toda tu vida consistiría en una explosión de colores que interactúan. Me pareció aceptable porque los fenómenos de estos enfermos pobres se habían establecido científicamente. Eso es parte de un dilema, pensé, el término científico tiene mucho peso, que nadie pone en duda la autenticidad de la ciencia. La teoría de la tierra plana en un pasado no muy lejano también había sido parte del mismo mundo científico hasta que se demuestre ser una falsedad. ¿Por qué habría de dudar de las habilidades de Sjaja y sus queridos afi nes? Al contemplar y reflexionar sobre lo extraño de la vida con tantas vías inexploradas, me acerqué al casco antiguo.

El hombre no ha cambiado, siempre ha sido un cazador. Cazar y perseguir es lo que la vida moderna es. Marketing, con sus campañas o realmente la caza de alguien. Los instintos todavía están activos después de tantos miles de años de evolución. El cazador y la presa pueden expresarse en diferentes formas y actitud, pero básicamente nada ha cambiado. El hombre es complicado desde su pasado. Sjaja había abierto la caza en mí, para ella la temporada estaba abierta y yo, bueno, seguí y cacé mis ideas. El destino al final de mi peregrinación, me había ofrecido en el último minuto una penetración a una forma diferente de pensar y se había ampliado mi visión, ampliando mis opiniones acerca de creencias y experiencias religiosas. Al localizar la catedral mi chip interno se hizo cada vez más cristiano. ¿Será que Cristo reencarnó? El texto en latín que describe su nacimiento lee, *'Christus incarnatus est'. El Cristo, el salvador, se ha hecho carne. Ha tomado una forma humana.*

Siempre había sido muy dualista acerca de la noción de la reencarnación. Mi dilema siempre había sido que ahora hay mucha más gente que en el pasado. ¿Puede un alma dividirse en dos y plantarse, para convertirse en recién nacido? Como una planta que se puede injertar. ¿Por qué tu memoria interna se ha borrado y por qué no simplemente continuaste con tu camino? Entonces una idea se presentó como un golpe en la cara. Una idea que todavía es válida hasta estos días. Sólo vemos partes de un todo y si alguien "recuerda" una vida del pasado, o partes de ella, se rompen a través de la subconsciencia, entonces te preguntarás, ¿por qué esta persona recuerda algo que sucedió hace tres siglos? Creo con toda seriedad que es porque el alma había estado en el estado de hibernación hasta que un cuerpo se hizo disponible. También creo que si se termina el camino, nos apegaremos a todo lo que es bueno, y supongo que a partir de ahí, nos plantamos de nuevo como semillas del alma para crecer de nuevo en diversas formas y experiencias hasta que estemos listos para ser cosechados para siempre y convertirnos parte de lo bueno.

Los antecedentes demuestran que Jesús se convirtió en el salvador. La larga espera. Profetas habían predicho su venida desde tiempos atrás. No es la persona, con sus rasgos faciales, sino la llegada de los Mesías, el salvador. Si se acumula suficiente bondad, tal vez eso se traduce en un alma fuerte, un alma capaz de ayudar a la humanidad a lo largo con un poco en su búsqueda. Si se envía por el gran colectivo para que tenga lugar en el hijo de María, entonces realmente fue el hijo de Dios, una parte del colectivo de lo bueno. Al igual que todos los que tienen un alma. Fue sólo a una edad más tarde que Jesús asombró a los escribas con su sabiduría, en el templo, esto debe haber sido el momento de su transformación.

Este es el alma que se revela a sí mismo con todas sus reservas y que se prepara a sí mismo para su misión. Los milagros llevados a cabo eran cosa seria. Él los llevó a cabo a partir del nombre del Padre. Él podría drenar la energía del universo, de lo que era bueno, vamos a darle un nombre, de Dios. Nosotros los seres simples, somos sordos y ciegos. Nosotros lo traducimos como: 'sentado a la derecha del Dios Padre', para mostrar la importancia. ¿Por qué no, él es uno nuevo con la fuerza creativa? ¿Cuánto tiempo pasará antes de que la bondad se acumule ara enviar una nueva guía para nuestras vidas? ¿Quién sabe la respuesta? En la lista de Jesús encaja perfectamente, Mohamed y Buda y Sjiva, todos venimos de lo bueno. No me parece extraño que saldría de la misa como renacido espiritualmente y nadie lo haría. La reencarnación en un ambiente cristiano, sin embargo, es un gran tabú. Estuve acompañado ahora por muchos peregrinos, caminando hacia la misa. Tenía curiosidad por saber cómo se sentía renacer...

Lo que se considera como la capilla de la catedral, era un ala lateral más grande que toda la iglesia de mi pueblo. Era enorme. El altar estaba elevado sobre una plataforma antigua, yo sabía que el paso a la tumba estaba abajo, con el altar en un lugar por encima de la tumba. Allí estábamos, los peregrinos, esperando que las cosas vinieran, limpias por la carretera y muchas al final de ella. Unos peregrinos se dispersaron entre la multitud, sin chistear más, pero con expresiones serias en sus rostros. Teníamos la esperanza que la misa trajera un poco de auto examinación. Nosotros, la masa general, éramos simples, no habíamos dormido en camas de hotel y habíamos caminado sin capas de lluvia, pero nos alegramos de haber culminado el camino, sabiendo que benditos son los de mente simple, porque ellos heredarán la tierra.

Nunca hay suficientes cantos en los servicios religiosos españoles, podría haber un coro en la misa mayor, pero eso es el canto más o menos. Los fieles participan en la oración y en la comunión después de eso abrazas a tus vecinos o les das la mano, para mostrar que todos ustedes son hermanos y hermanas en el Señor. Por lo general, hay una lectura breve que termina con: *'Palabras del Señor'*, *estas son las palabras de nuestro Señor*. Esto es seguido por un *'Padre Nuestro'* y el servicio se completa casi siempre con un *'Ave María'*. Entonces se da la bendición con el *'vete en paz'*. La misa en España es muy corta, es raro si te quedas en la misa más de media hora.

La principal lectura que el 'Cura' había elegido se trataba de la casa que viene y la alegría cuando el hijo perdido entra en la puerta de su casa. También trata las dificultades del camino que todos caminamos como hombres. No podría dejar de preguntarme si el sacerdote había puesto un pie en el camino. Parecía incluso ser muy viejo y bastante gordito. Ahora el ala lateral se derramaba con los fieles, los peregrinos se quedaron de pie en posiciones incómodas, escuchando la última parte de la lectura. El largo y sinuoso camino, estábamos al final, o ¿al comienzo de un nuevo camino?

Un hermano joven caminó hasta el incensario gigante y encendió el incienso. El humo dulce, se elevó lentamente por encima de las masas. Empezó a elevar el incensario gigante con la ayuda de una polea, un segundo hermano vino a darle una mano y todos los ojos estaban fijos en el gigantesco incensario humeante que ahora está suspendido sobre los fieles. Ahora comenzaron a hacer movimientos, rítmicamente, como si estuvieran sonando las campanas de la iglesia. El gran incensario comenzó su trayectoria encima de las masas acumuladas, primero con pequeños movimientos de péndulo, que pronto se convirtieron en sí con el debido impulso, al incensario que viajaba por encima de la cabeza, esparciendo el incienso en todos los extremos. Mientras tanto los peregrinos habían comenzado su confesión pública: *'mea culpa, mea culpa, mea maxima culpa'*.

Mis vecinos a la izquierda y a la derecha, murmuraban toda clase de pecados. Y me confesé también. *'Señor',* dije, *'perdóname porque tarde en la vida he desarrollado un buen ojo para el camino, que era vanidad y que me impedía ver lo que era obvio, el camino que inicia en cada puerta de todo individuo'.* Hubo una gran cantidad de confesiones. Un timbre sonó y el sacerdote esperó a que los murmullos se calaran y nos absolvió de todo lo que habíamos hecho mal.

Él nos bendijo y de la nada, pensé, hay mucha bondad aquí presente. Concluyó hablando de comparecer ante el trono del altísimo, y me di cuenta de que realmente no me gustó el olor del incienso. Casi te ahoga, algunos de los peregrinos no les pareció agradable también, eran honestos. Nos estamos ahumando, pensé. La misa había llegado a la conclusión y nos abrazamos los unos con los otros y la alegría era exuberante, no hay otra forma de describirlo. El sacerdote se inclinó ante la cruz y nos dejó. Me puse de pie por un momento más, disfrutando todo. El 'camino' es realmente el camino a ti mismo, el crecimiento de la persona y un tiempo de reflexión sobre tu vida. Tu vida en el pasado y en el presente y en la que aún estas por llegar. Era importante no dejar de lado esos momentos y dar lo que habías aprendido en un lugar de tu vida, a través de tus acciones futuras. Tomé todos los detalles, con gran intensidad, por si alguna vez sea necesario, podría viajar de regreso a este precioso momento en el tiempo.

Ha habido un malentendido acerca de la iglesia católica durante muchos siglos. El malentendido consiste en la idea errónea de que adoramos ídolos. Por supuesto que no, y ninguno de mis amigos lo hace. Nosotros miramos una imagen y nos da la posibilidad de concentrarnos más en el sentimiento emocional en la adoración. Ves una imagen de Cristo. Todos sabemos que no es Cristo, sino la imagen provoca el estado de ánimo correcto para concentrarse más profundamente en Cristo. Después de haber sido 'purificados', una larga fila de peregrinos formó una línea que iba paso tras paso, a la espera de su turno para ir a la imagen de Santiago, justo encima del altar. Abrazas la imagen, cuando es tu turno y viajas en el tiempo para estar de pie junto a él.

Lo mínimo que haces es saludarlo y luego te vas. En mi caso abracé su imagen y planté un beso en la frente de metal y le dije: *'se valiente Santiago, hay un final para todo, el dolor desaparecerá antes de que seas un mártir, estoy aquí a tu lado para consolarte, no te desesperes, hay muchos conmigo a tu lado, gracias por llamarme cuando te necesitaba y cuando estaba desesperado, te amo'.* Bajé las escaleras, hacia la capilla, profundamente hundido en mis pensamientos.

¡Oye, tú, realmente iluminas! Había caminado directo a las manos de Sjaja. Yo sabía que estarías aquí, ella sonrió, ¿te gustaría un té? ...

Con aroma a incienso, todos los peregrinos salen de la iglesia. Ellos llevan consigo el dulce recuerdo del camino que han seguido. La carretera se ha convertido en una parte de ellos y siempre pueden consultar ese camino. Una señora se quedó esperándome, fuera de la iglesia, una señora que al parecer siempre se salía con la suya, no la había invitado. Ella estaba cazando y me sentía como la presa indispuesta. Tenía algunas preguntas existenciales para ella, preguntas que sólo podía responder. Esto es, si yo no quería permanecer en la ignorancia, para siempre, por esas respuestas.

No, le dije a Sjaja, no quiero té, estoy procesando una gran cantidad de experiencias y un té no es parte de esto. ¿No es agradable verme? Me preguntó. Vamos, se honesto, no me esperabas ahora, ¿verdad? Es bueno verte, respondí y yo quiero preguntarte un par de cosas y de hecho no te hubiera esperado.

De hecho, voy a la oficina de obispos para asegurar mi 'Compostela'. Entonces otra vez, decidí que podría tomarme un café. ¿Podemos tratar de encontrar un lugar donde podamos hablar sin ser molestados? Había más auras brillantes en la iglesia, Sjaja continuó, ¿te diste cuenta? No, no los vi, le dije, pero eso no me sorprendería.

Si tan solo lo practicaras, los verías, ella dijo con determinación. No siento ninguna inclinación para hacerlo, le dije, mientras me dirigía a una mesa un poco apartado de los demás en una terraza. Cuando ordenamos un té y un café, le pregunté si vio todas las auras al mismo tiempo. Sí y no, dijo ella, veo la luz, pero no de manera consciente. Es como hacer zoom en una cámara, así es como a mí me funciona cuando pongo en evidencia un aura. ¿Todos tienen un aura? Quería saber. Oh sí, ella dijo, pero hay grandes diferencias entre auras y personas. Aquellos que están enfermos las tienen un poco delgadas. Tú brillas, es por eso que siempre estás presente. Me sonrojé.

Entiendes, le dije, que yo no voy a casa contigo. Me voy a casa, pero a mi casa. ¿Por qué siempre me sigues, qué es lo que realmente quieres de mí? Le pregunté, preparándome para lo peor. Yo, dijo ella, te quiero cerca de mí. No por ti, sino por tu espíritu. ¿Qué es lo que quieres de mi espíritu? Le pregunté, sabiendo que esto se había convertido en una discusión muy seria. Quiero tomarte prestado, eres un 100% real. La gente en su última fase se vuelve muy real en la vida. Sé, sin embargo, que siempre has sido así, fuerte y puro. Lo siento, dije, no puedo ayudarte. Eso es lo que quiero decir, ella dijo, fuerte y puro.

Pagué la cuenta y el precio me sorprendió, sólo 80 céntimos por un café, al igual que en mi pueblo. Hombre, en otras capitales habrías pagado una cantidad exorbitante. Recuerdo cuando bebí una cerveza en el centro de Ámsterdam con un amigo y nos habían cobrado 9 euros. Ella interrumpió el hilo de mis pensamientos, ella había dicho algo acerca de mi madre. Perdón, le dije, no estaba poniendo atención, estaba en la nubes. Te estaba diciendo, ella comenzó, que estás dispuesto a todo. Algunas personas tienen ángel de la guarda que se preocupa por ellas en sus momentos de necesidad.

Debí parecer escéptico porque ella continuó diciendo, esto no tiene sentido, es un nombre que le damos. Una persona, por ejemplo, se considera una buena persona y decimos: es un ángel, pero ¿qué otra cosa es un ángel que un ser de luz? Lo siento, dije. En todo el mundo, continuó, en cualquier creencia o religión, hay una creencia en los ángeles. Eso no es una conspiración para poner en marcha una idea acerca de los ángeles. Las razas antiguas, con religiones antiguas, se alejaron unas de otras en el mundo por mares y océanos y no tuvieron contacto con otras personas, sin saber de la existencia de otras tribus o razas que comparten la creencia en ángeles. Se debe a la intervención de los mensajeros o, a veces los guerreros de todos. Las intervenciones en diferentes y lejanas culturas, se han observado y registrado incluso en tu propia Biblia. No siempre en un aspecto físico que se puede observar, porque eso costaría un montón de energía, pero está presente de la misma manera. La luz viaja muy rápido, en tiempo de necesidad no estarán a tu lado en cualquier momento. Mi cabeza daba vueltas ahora.

Escucha, Dijo Sjaja, creo que estaremos aquí un tiempo y creo que es suficiente, ¿vamos a pedir otro café y té? El camarero me dio una mirada como si quisiera decir, no sabes lo que quieres en la vida. Otro café y un té, repitió y se alejó de las mesas de la cocina. Mira, dijo ella, no son los últimos que salen ahora, pero no los ves, ¿o sí?, ¿no los sientes? Estoy empezando a confundirme, le dije. No, dijo ella, no estás confundido, estas examinando y comparando lo que acabas de oír en tu cabeza, de lo que sabes del mundo y porque eres analítico, ves que lo que estoy diciendo puede contener un alto nivel de verdad y tu mente se opone a las nuevas ideas que acabas de oír. Porque si los aceptas como una posibilidad, tu vida se complicará. Porque lo que aceptas después de un proceso, como una adición a la verdad como lo conoces, se convertirá en una parte integral de tu forma de pensar.

Dime alguna situación peligrosa en la que debiste morir, peligro de muerte, continuó. Ha habido varios en mi vida, le contesté. La más reciente entonces, dijo. Sin lugar a dudas, le dije inmediatamente. Los perros del infierno. Estás aquí tomando café, conmigo, las cosas deben estar bien, dijo, ¿te hirieron de alguna manera? No, dije lentamente, como si estuviera entendiéndolo mejor, ni un solo pelo de mi cabeza me tocó. Eso es, dijo, y esperó...

¿Algo extraordinario que sucedió en ese momento, cualquier cosa fuera de lo común? Vinieron corriendo a mí con grandes saltos y subí a un muro bajo, yo no quería terminar de esa forma. En mi mente los vi cómo me comían, arrancaban trozos de mi cuerpo. En el otro lado de la pared aterricé en el camino. Saltaron y vinieron corriendo hacia mí listos para arrancarme la garganta. Cuando tocaron el suelo, salieron huyendo, aullando y desaparecieron. ¿Estabas asustado? Quería saber Sjaja. Sólo por una fracción de segundo y luego hice mi última resistencia, preparándome para luchar y morir.

Muchas personas reciben ayuda en el Camino, dijo seriamente, al igual que en el camino real de la vida. Si uno se abre a él, siempre hay ayuda en la encrucijada. No estabas allí solo en espera de tu destino. Los perros vieron lo que tú no viste y eligieron olvidarte en el proceso. Mira, tu miedo solicitó ayuda y alivio en cuestión de segundos y sé por qué y es por eso que resulta tan importante para mí tomarte prestado. Así que, ¿cómo funciona entonces? le pregunté, mientras mis pensamientos se remontaron a los perros que venían a mí. Su mirada era penetrante y dijo: 'todos estamos perdidos y buscando, no porque esté oscuro, sino porque no vemos la luz', nadie lo ve, hasta que se abran a ella. Era la tercera vez que alguien me decía eso, que todos estábamos perdidos, un escalofrío comenzó a recorrer por mi columna vertebral. Dios habla a través de muchas bocas, pensé, al igual que la segunda vez cuando me pasó a mí. Esto puede sonar gracioso, le dije, pero lo digo en serio, creo que puedo haber sido ayudado por los animales. Los animales son sólo formas en esta vida, Sjaja dijo: Tú recibiste ayuda de los animales que fueron enviados para hacerlo, eran mensajeros. Cuando ella vio mi mirada incrédula, continuó, solo vienen en esa forma, fueron utilizados para ese propósito. Mi dulce Señor, si no hubiera sido por el exilio bíblico del profeta Elías, en su fuga hacia el desierto, quien fue alimentado diariamente por las aves, que le llevaban trozos de pan para sostenerlo. Podemos ver, pero estamos ciegos ante nuestros propios alrededores y los milagros en nuestras vidas.Me has dicho lo que ha sucedido, pero no por qué, le dije. Es evidente, dijo, tienes una conexión, un pacto con el todo. Él te habla de diversas maneras y tú eres un buen receptor y a través de ti le habla a otros a través de tus acciones. ¿Por no habla directamente con los demás, sea quien sea? Le pregunté. Porque, Saja explicó, como si estuviera explicando algo obvio a un niño sordo. Dios siempre necesita una voz. Hubo sin duda algo en esto, me di cuenta. ¿Por qué todos los profetas, el Mesías, Moisés, todos los jueces en el viejo testamento? Moisés tuvo que traducir todos los deseos de Dios, en una piedra, en leyes, para guiar a su pueblo a un camino de rectitud. 'Alá', que obviamente es una forma de "todo", pero interpretada de forma diferente, necesitaba a Mohammed. El 'Todo' tiene muchos mensajeros, embajadores, por así decirlo, para hablar en su nombre.

Antes de decirte, lo que dijiste, parece cortar madera, comencé, dime, ¿cómo sabes todo esto? He estado en Nepal en varias ocasiones y he aprendido a mirar de manera diferente las cosas y no tanto de una manera occidental, aparte de que tenía muchas preguntas existenciales también. Una fue, ¿por qué mueren las personas, a veces en circunstancias horribles? Olvida la recompensa de la iglesia o las ideas de castigo, o karmas, simplemente, ¿por qué el "Todo" permite tal sufrimiento? He llegado a pensar que se debe a que algunas vidas requieren eso. "Todo lo que es bueno necesita de todo lo que es malo para mostrarse a sí mismo". A mí me suena como una explicación plausible por ahora, dijo.

Cada alma tiene una memoria almacenada de las vidas anteriores, de lo contrario no habría ninguna vía progresiva de aprendizaje. Nos somos conscientes de eso y vivimos nuestra vida a nuestra manera. Cuando mueres, ese archivo se cierra, pero almacena el progreso en una biblioteca de almas y borra tus recuerdos, para que puedas comenzar tu nueva vida con un disco limpio para recoger nuevos datos, pero el alma aún tiene el enlace a la antigua información. Si todos los archivos de tus vidas se han completado y se almacenan, tu camino de aprendizaje ha llegado a su fin. Luego, tu biblioteca se activa y formas parte del Todo para reforzar la bondad.

Todos somos la cosecha del bien, entonces, dije, en un tono de sorpresa. ¿Qué más? sonrió Sjaja, las malas pistas se borran y necesitas algunas actualizaciones y te cosechan. ¿Crees en esto? Le pregunté. Dime ¿cómo es que sabes esto? Oh, lo siento, yo no te lo he dicho, ella dijo, pensé que era muy evidente. Creo que mi relación con los otros archivos no se cerró con éxito, y me da acceso a lo que normalmente se me presenta al final de mi curva de aprendizaje. Cristo recibió el acceso a los archivos a la edad de 12 años y su transformación se produjo, ya sabes, el evento en el templo con los fariseos. Mi cabeza daba vueltas y me sentía un poco mareado. ¿Puedo preguntarte por qué me estás diciendo esto y lo que va a pasar conmigo cuando llegue a mi última etapa? La gente está muy confundida, dijo ella. Confunden a Dios con Jesús y viceversa. Dios, el 'todo' lo envió como mensajero, como mesías. Hacer eso le ha dado a Dios un gran impulso. El sacrificio del Mesías ha traído consigo un despertar y ha dado esperanza a las innumerables masas. Hay millones y millones que lo siguen y siguen sus enseñanzas, ahora, en el camino de la rectitud. Por favor, no confundas a Dios con Cristo.

Mira, ella siguió, yo te conozco, no como persona, pero conozco tu espíritu o aspectos del mismo. Tal vez eres la suma de treinta personas y vidas. Tengo un recuerdo allí. Eres un orador y tienes contacto con el Todo. Decirte esto significa acabar así, cuando este haya madurado en tu mente, tendrás ideas impulsivas. Para encontrar la respuesta a tu segunda pregunta, debes venir conmigo a Nepal. No voy allí, le dije.

Es fácil, cuando tu última vida llega a su fin, formas parte del Todo, te conviertes en un ser y en parte de la luz. Pero...Y quise decir algo. Pero ella me interrumpió y ella levantó una mano para hacerme callar. Las respuestas no están aquí, esta vida es demasiado rápido y cada respuesta provocará una nueva pregunta. Gracias de nuevo por el encuentro más extraordinario y por imponer e intercambiar ideas en un viejo peregrino, le dije, pero realmente tengo que ir ahora a la oficina del obispo, para cerrar formalmente mi peregrinación. Formalmente, formalmente, dijo y se echó a reír, una risa inocente pero llena de conocimiento oculto. El obispo no es lo mío. Nuestros caminos se separarán por ahora. Ella puso sus manos una contra la otra en frente de su pecho y se inclinó como lo hacen los hindúes. ¿Lo creerás? Yo hice lo mismo...

Mi visita a la oficina del obispo de hecho significaría el final de mi peregrinación. Reconocí el edificio de inmediato, a pesar de que era humilde a primera vista, era impresionante en tamaño y muy dominante. Cada paso hacia la catedral era un paso de la tumba. El Camino sin embargo, siempre permanecerá en los corazones de aquellos que habían traído el sacrifi cio. Cada paso en el mundo, en cualquier lugar, te acercaría o te alejaría de la tumba. Pasé junto a la enorme puerta que estaba abierta ahora, en un portal oscuro.

La sala oscura era medieval, muy amplia y conduce a una escalera. Pilas de mochilas yacían a un lado junto a la escalera. Una flecha mostraba el camino hacia arriba por última vez. La flecha señalaba las escaleras y tenía una señal que decía; 'Ofi cina del obispo'. Gracioso sería en el segundo piso y no en la planta baja. Una sola luz apenas iluminaba las escaleras. Un letrero señalaba una puerta de madera maciza. Toqué suavemente y entré. Estaba en una sala enorme, con un área de recepción que va de pared a pared. Estimé que el escritorio medía unos 20 metros de largo, con una multitud de asistentes del obispo en el otro lado. Nuestro lado estaba lleno de colas de peregrinos. La acústica era horrible, había un murmullo de voces indistinguibles.

La oficina era increíblemente moderna y eficiente. Todo, desde las escaleras mal iluminadas del pasillo oscuro había levantado la expectativa de encontrar una ofi cina polvorienta, un vertedero, con montones de papeles. Nada más alejado de la verdad. Al otro lado de la mesa había una tienda para turistas, con pancartas y camisetas y tarjetas postales y todo lo que necesitabas encontrar en cualquier tienda para turistas. Había muñecas de plástico de la santa muerte, piratería informática con una espada a un enemigo invisible, conchas de plástico y bastones falsos. Junto a las muñecas vi de lejos un departamento con sólo camisetas, decidí a comprar una, una vez que el negocio de la Compostela finalizara.

Era mi turno. Di un paso adelante y saludé a la señora detrás del mostrador. Buen día peregrino, ella dijo con la más brillante de las sonrisas. Me gustó bastante eso, buena recepción, pensé. Me pregunté si habían estado en un curso de recepción de peregrinos. A mi lado, mi vecino peregrino fue recibido de la misma manera por un hombre joven. Instrucciones de arriba, comprendí, una buena gestión en el trabajo. ¿Qué puedo hacer por ti? Preguntó mi asistente. He venido a presentar mis credenciales, le dije y le entregué el pasaporte de peregrino y los recibos sellados de los albergues de la iglesia donde había permanecido durante la noche y una carta del alcalde de mi pueblo. Un minuto, dijo ella, mientras pasaba todos mis documentos a su colega, quien comenzó a introducir las fechas y los nombres en un sistema de datos, Mientras tanto, peregrino, llena este formulario de llegada. Asentí con la cabeza. A mi lado escuché que mi vecino respondía: 'sí, yo recorrí todo el camino. Lo juro por el santo'. El colega de mi asistente tras consultar con ella volvió hacia mí. Está bien, dijo, te hacen falta algunos recibos, corresponden a las fechas en el pasaporte del peregrino y tienen correlación con la fecha de las posadas de la iglesia en nuestro sistema de datos. Impresionante, pensé, si no llegas a la siguiente posada o enfermas en el camino, la oficina del obispo puede más o menos saber dónde estás. La iglesia realmente tiene control total.

¿Has caminado, peregrino? ¿Has venido de lejos? dijo la chica y ella me dio una mirada penetrante. ¿Has caminado todo el camino? He caminado todo el camino, le contesté, lo juro por el santo. Ella recibió un formulario de su colega y lo llenó. ***1,042 kilómetros, llegada: 'Aprilis anno dni 2010 annus Sanctus cumplio'.***

Tus nombres completos por favor, ella dijo y ella explicó que los iban a latinizar. Así que mis nombres terminaron en un sistema de datos y se convierten en latín, antes de ser impresos en una Compostela oficial como: 'Danielem Nicolaum'. Tus nombres son los nombres de dos santos, ella dijo. He sabido eso en toda mi vida. Vive como ellos, sigue sus pasos, ella me aconsejó. Ella tenía unos 25 años y pensé, 'lo que necesitas es un buen caminar'.

Pero las reglas de buena conducta me dictaron y me incliné humildemente y le di las gracias por la Compostela, que por cierto ahora ha encontrado su lugar permanente al lado de mi chimenea y el palo y le deseé un buen día. 'Vaya con Dios', respondió ella, como si lo hubiera hecho cualquier otra cosa en las últimas 5 semanas. Cuando me alejaba, oí a alguien exclamar, *'Pero yo pasé por allí'.*

Y así sucedió que el antiguo peregrino, Danielem, entró en la lluvia, para no variar, al salir del edificio, para comer algo en algún lugar y marchar desde allí a la terminal de autobuses. Después de haber disfrutado de un buen almuerzo donde había dudado la aparición de Sjaja, se alejó del viejo centro de la ciudad a la vida moderna. La tumba tendría que esperar 2 años antes que Danielem volvería a orar y arrodillarse junto a su amor. Él estaba lejos del camino ahora. Para llegar a casa tendría que cambiar líneas de autobuses a menudo y decidió que al estar en el último bus, llamaría a su amor para anunciar su hora de llegada. No miró hacia atrás, porque lo que está detrás de ti, ha quedado atrás...

Después de visitar la oficina del obispo, era extraño no tener que caminar más. Podría haber tomado un taxi hasta la terminal de autobuses, no se me ocurrió. Caminé hasta la terminal de autobuses interurbanos a unos 4 kilómetros por la carretera. Llegué y fui directamente a la ventanilla de billetes y compré mis billetes, que eran sorprendentemente baratos. Se podía ver que estabas en una capital, había al menos 20 puntos de venta de billetes y los autobuses iban y venían todo el tiempo. Mi bus partiría en 20 minutos y me acerqué a un bar para tomar café. Justo cuando regresé después del café para esperar en la plataforma, el autobús llegó soplando, muy antiespañol, a tiempo.

Andalucía, se impregnaba en mí, iba a casa, a Andalucía. No permitirían que mi bastón viajara conmigo, lo puse en el maletero. El autobús no era tan lujoso como la famosa línea 'Galgo' en Estados Unidos, pero aun así muy confortable. El autobús salió de la terminal, hacia el sur y qué puedo decir. Un autobús se cambió en otro y aquí tienes que esperar 2 horas y allí el autobús estaba a punto de salir y siempre había un bar con un sándwich y un café. Era increíble haber caminado toda esta distancia, no era justo que un autobús pudiera cubrir unos 100 kilómetros en una hora. No tuve contacto con los demás pasajeros y el mismo puede decirse de ellos, todos viajábamos por distintas razones. Paso a paso estábamos regresando al mundo impersonal, el mundo rápido. Pero mi corazón cantaba de alegría. Teddy me saludaría primero, sabía, mi Teddy, mi querido Teddy, vendría corriendo y yo le diría, 'buen chico' como si no hubiera estado lejos. Si volviera a casa 10 veces, estaría feliz diez veces al día.

Al final no sabes cómo sentarte de nuevo, mis piernas dolían mucho pero pudieron cubrir largas distancias. Lo que me había tomado 5 semanas de caminar era un puente en un día y una noche, incluyendo los tiempos de espera. Si las cosas iban bien y hasta el momento las líneas de autobuses habían sido muy puntuales, llegaría a Baza, la parada más cercana a mi pueblo, alrededor de las 4 de la tarde. Baza está cerca de las provincias de Granada y Almería, mi provincia natal. Mi amor tendría que salir de mi pueblo a las 2:30 a mi encuentro. La llamé por teléfono y ella estaba muy sorprendida, gratamente sorprendida. Pero, ¿tu billete de avión? Preguntó, tu vuelo saldría en dos días. No pude esperar, le expliqué que el sacrificio habría sido demasiado grande. Quiero sentarme a tu lado y hablar contigo, quiero ver a las niñas y mis amigos. Extraño mis campos y mi pueblo. Para estar pronto vale la pena que expire el billete de vuelo. Estaba exultante cuando nos fuimos a la provincia de Córdoba, la primera de las 8 provincias que forman el clúster, el estado de Andalucía.

El sur de España, con tu corazón abierto en la humildad. Perla de los albores de la mañana, con tus rebaños de ovejas y cabras que encuentran su camino a lo largo de las laderas de las montañas. Aldeas oh pueblos de la tierra andaluza, bella y pura en tu inocencia, al igual que las almas de sus habitantes. La vid que florece, el panal de miel que derrama la miel dulce. Tus hombres robustos que trabajan tus campos, con un pico por encima del hombro, desde tiempos inmemoriales. Sus manos extendidas en la amistad de sus vecinos. Pura en su belleza, siempre se baña en el sol. Esta es la tierra prometida, la tierra bíblica, la tierra de leche y miel para los que ven. Nadie sale de su pueblo, el pueblo es sagrado. Tierra de jamones y vinos y procesiones donde nadie se avergüenza de profesar su fe. Y ahí es donde entramos, en Andalucía.

El autobús se acercaba a Baza, sentí una anticipación tranquila en mi corazón. Mi amada y mis hijas, junto con mi yerno vendrían a buscarme. Acaricié mi barba, podía afeitarme después de unas horas, eso sería una buena idea. ¿Cómo sería estar constantemente en la presencia de personas de nuevo? Entramos en el pueblo de Baza y el autobús se introdujo en el tráfico de la terminal de autobuses, pasó por delante de la plataforma y se detuvo. Apagó el motor y con un silbido las puertas se abrieron. La gente se levantaba y yo recogí mis pertenencias, cuando se abrió el maletero; Le di una mano a mi amigo el bastón. Miré sobre mí, expectante. Había imaginado este momento muchas veces, un grito, tus seres queridos corren hacia ti...

¡Nadie llegó a mi encuentro! Yo no lo podía creer, mi corazón se hundió en mis zapatos. Recogí mi mochila y mi bastón y me dirigí a la salida. Comencé a caminar hacia ellos, dejando Baza detrás de mí en la carretera provincial. Negué con la cabeza, ¡qué diferente es la gente! Había llegado una hora antes.

La gente de Andalucía no es muy puntual y estaba un poco decepcionado, sólo había viajado de ida y vuelta 2,000 kilómetros y no encontré a nadie. No había sensación de malestar sin embargo, ningún resentimiento, tendría que esperar más tiempo antes de ver a mis seres queridos y yo estaba cansado porque tomas una siesta en el autobús, pero aun así llegas cansado. Yo estaba caminando en contra del tráfico y reconocí el coche desde lejos. Entró con otro ritmo de vida que la mía. No bajaron la velocidad sino aceleraron. Pude entenderlo, a lo lejos un peregrino y un vagabundo se parecen mucho, mi barba tampoco me ayudó. Metí la mano en mi bolsillo, encontré mi móvil y llamé a mi amor. Hola, me dijo alegremente, con su voz que amaba tanto, ¿estás casi allí? Yo era el vagabundo que casi atropellaste, estoy caminando entre Baza y Caniles, le contesté ...

De vez en cuando el vagabundo caminaba hacia atrás, quería ver a su familia y abrazarlos y luego simplemente estar con ellos. Uno no necesita mucho ahora, ¿verdad? Comida y bebida y una sensación de seguridad. Un poco de polvo en la distancia, acercándose rápidamente, corriendo. Para ellos, el mundo había sido el mismo, el ajetreo y el bullicio cotidiano. Conduces a la máxima velocidad porque tienes permiso de hacerlo, aparte de las pequeñas cosas que simplemente había que hacer, siempre. Fui una persona bendecida en más de un aspecto, había sido capaz de dejar esto atrás durante algún tiempo. Me imaginaba que la vida en Nepal sería aún menos estresante.

Fuimos a nuestro pueblo y pasamos justo bajo la colina de los mineros, nombre que adquirió hace un siglo por las minas de hierro, cerca de mi granja. Todo estaba floreciendo y creciendo y exhalé belleza y tranquilidad ¿Has tenido que regar mucho Juan? le pregunté a mi yerno. Ni una sola vez me dijo, llovió un día a la semana, ¿no es increíble? Sí, pensé, es realmente sorprendente. El coche se detuvo delante de nuestra granja. Teddy se levantó y comenzó a correr hacia el coche. 'Teddy', grité, ven aquí chico. Pero el gran perro simplemente se quedó paralizado. Soy yo chico, insistí. Él ni siquiera movió su cola. Miró al suelo y no se movió. ¿Había cambiado tanto? ¿Acaso los perros reconocen más el espíritu que a la persona, o había algo cerca de mí otra vez? Sjaja, lo sabría.

Entonces, le dije, antes de darme una ducha y antes de afeitarme y lo que sea, hay algo de suma importancia, que hay que hacer. Por favor, sentémonos todos a la mesa bajo las uvas. Los miembros de mi familia vieron que yo estaba hablando muy en serio y se dirigieron a la larga mesa en la terraza. Poned vuestros brazos alrededor de vuestra madre, les dije a mis hijas, Tú también, Juan, continué. No importa si piensas que estoy loco, pero esto es realmente importante, vi los rostros dulces mirándome. Tomé la bolsa de tierra y comencé a dispersarla, y dije, 'este es el final de mi sueño, las cosas van como van, por este medio conecto todo lo que nos rodea con la santa tumba'. Caminé alrededor de la casa y dejé caer un poco aquí y un poco allá, rezando, mientras tanto, y cuando regresé a la terraza cerré el círculo detrás de mí, al esparcir la última parte de la tierra. Ahora están conmigo, les dije, dentro del círculo de Santiago, siempre estaremos cerca de la tumba. Levanté las manos y dije, *que toda la bondad venga sobre ellos y que salve a mi amada y yo les bendije con todo el amor que yo tenía*. Y en mí hablaba una voz, una dulce voz que no era la mía y un cálido resplandor pasó por todo mi ser y yo sabía que mi amada se había curado...

Epílogo

Habían sucedido muchas cosas durante mi peregrinación, era más que seguir un sueño que he tratado de resolver, que una peregrinación tradicional. La revelación del sueño me ha mostrado otros aspectos de esta gran vida. Me gustaría darte las gracias por la paciencia de viajar conmigo y llegar a ser parte de mis experiencias. Entre tanto han pasado dos años desde mi regreso a casa, lo que ha sucedido sólo puede ser descrito por una palabra: Misericordia. Me mostraron misericordia.

Muchas cosas habían sucedido que necesitaban ser procesadas y una gran cantidad de sufrimiento había tenido lugar. Era necesario buscar un equilibrio entre lo que experimentaste físicamente y tus cambios en el plano espiritual. Estoy convencido si estos dos planos entran en equilibrio, la aceptación sigue nuevos conocimientos. A medida que el camino progresa, el balance encuentra su equilibrio, hasta que un proceso de purificación se lleva a cabo que hace que la vida valga la pena de nuevo.

Cómo la vida trató a mi amada.

Caminé al amor de mi vida y dije, 'estás limpia y lo sé con todo mi ser', después de eso la abracé y abracé a todos. El día de los resultados se acercó y supe entonces de lo que ya sabía. Mi amada estaba limpia. La más pequeña de las manchas había desaparecido. Cada 6 meses habría un chequeo, todo está bien, porque sé cuál será el resultado cada vez.

Lo que me pasó

Me afeité y al día siguiente fui al pueblo para tomar un café, yo había perdido 15 kilos y mi rostro estaba muy demacrado, pero había cambiado. Las personas estaban felices de verme y todos me abrazaron de nuevo. Durante mucho tiempo tuve dificultades para caminar y sentarme. Había forzado y estirado el nervio ciático, tomaría tiempo para reestablecerse. Por fortuna, el dolor disminuyó al mes, lo que me hizo feliz, porque sólo se puede decir que fue un dolor infernal.

El tendón de Aquiles en realidad se ha convertido en mi tendón de Aquiles, mi punto débil. Se había exigido mucho para llegar a la fecha límite en la última etapa hacia Santiago. Ahora, después de dos años, todavía me molesta. Si me levanto de la cama, no puedo caminar en los primeros 5 minutos y cojeo, hasta que el tendón se calienta. Me estiro y voy mucho al gimnasio y sé lo suficiente sobre los tendones, y sé que tengo un problema, un problema de por vida. Pero de las cosas malas vienen cosas buenas adelante, siempre. Cuando siento mi tendón, recuerdo por qué me pasó y amo con todo mi corazón a mi esposa.

¿Hubo cambios?

Sí y no. He adquirido nuevos conocimientos, que de otro modo nunca habrían llegado a mí. Noté la necesidad de tocar y estar en contacto con mi amada, más que antes. Al acariciar su cabello a menudo le decía que la quiero o que me preocupo por ella. Mi relación es tan profunda como antes, pero le expreso mis sentimientos más a menudo. Aprecio mi vida enormemente. Cuando trabajo en los campos cortando mis uvas o cuando las controlo o cambio el flujo de la irrigación, me detengo a veces y me pongo a pensar y dijo, *'que todo lo bueno que está aquí entre en mí'.*

De regreso

La vida es cíclica, el alfa y la omega, la serpiente que muerde su propia cola y el mundo que se renueva y nunca termina. El gran ser ahora viene a la tierra como un trueno, a altas horas de la noche, en Santiago de Compostela, se desvió una vez y rebotó hacia la derecha de la pista de aterrizaje. Los motores se encendieron y un sonido ensordecedor indicó que habíamos aterrizado y el piloto frenaba con toda su fuerza. Los pasajeros sintieron que la fuerza de frenado les decía que se abrocharan los cinturones. San Daniel y su amada vieron a través de las ventanas circulares cómo la lluvia caía. ¿Acaso había llovido sin parar durante dos años? San Daniel se preguntaba. La escalera de acero fue llevada a su lugar y San Daniel y su amor caminaron por ella, mientras la lluvia los castigaba severamente, azotando sus rostros. Su pie derecho le dolía mucho y tuvo que bajar las escaleras lentamente. Había estado en una posición por mucho tiempo. Debería estirarlo, dijo más tarde, pero cuando bajó por la rampa su tendón se había calentado. San Daniel estaba otra vez en la tierra santa, mojado y listo para recorrerla.

No era una lluvia ligera, no, estaba lloviendo a cántaros. San Daniel y su amada se acercaron al área de estacionamiento designada para coches de alquiler. Tuvimos que encontrar en la oscuridad el coche que habíamos alquilado. En ningún momento estarías fuera del corredor principal del aeropuerto provincial, entonces era una cuestión de evitar confusiones y charcos para encontrar el coche alquilado. Finalmente encontramos nuestro pequeño Clio. Mi amor abrió las puertas y las luces nos dieron una cordial bienvenida. Estábamos en Galicia, tierra de lluvia y de santos. Si has recibido un favor será necesario que des las gracias, y eso es lo que habíamos venido a hacer.

Habíamos preguntado por el hotel más cercano. La chica amable detrás del mostrador nos dijo que encontrarías una gran serie de hoteles siguiendo la carretera provincial de Santiago y ella tenía razón, pero cada vez que mirábamos uno, ya habíamos pasado. Los limpiaparabrisas funcionaban de una forma diferente. Mi amor estaba al volante porque mi pie derecho no me habría permitido utilizar el acelerador o el pedal de freno. Vimos un centro comercial con una gran cantidad de hoteles y fuimos siguiendo las indicaciones hasta que aparcamos frente a la recepción de un hotel en un estacionamiento. Mi amor esperó en el coche y me metí por los charcos hasta la entrada. En efecto, había habitaciones disponibles y nos registramos. A lo lejos, vi las grandes luces de la ciudad de Santiago y el faro de la catedral que esparcía su luz y brillaba su luz como un último aliento para el peregrino cansado ¿Podemos cenar? Le pregunté al dueño.

No señor, respondió, la cocina está cerrada. Estoy seguro que algunos lugares aún están abiertos. Salimos y cruzamos la calle, junto a un camino de granjas y vimos una pizzería, no solo estaba cerrada sino cerrada para siempre. Un poco más adelante había un bar que estaba apagando sus luces y decidimos seguir otro poco. Me acerqué a la carretera de granjas y dije, he estado aquí antes y el instinto del peregrino que había estado dormido durante 2 años se despertó. Conozco este camino, repetí, he caminado aquí, este es el camino. Dios mío, dijo mi amada. Estoy seguro, le dije, con una creciente convicción. Estoy casi seguro de que si seguimos este camino llegaremos a un bar que está siempre abierto con una tienda que se les atribuye a los peregrinos. Mi amor estaba cansada y me tomó un poco convencerla para seguir.

Seguimos una pequeña curva a través de los prados y llegamos más allá de una granja. El camino seguía y no aparecía ningún bar. A la siguiente vuelta, si no vemos el bar, regresaremos dijo mi amada. Caminamos 10 minutos más y pensé, si hubiéramos tomado el clio, habríamos estado allí ya, pero yo era un peregrino de nuevo.

A lo lejos vi la luz brillante, a la izquierda había un letrero con una lata de cerveza en él. ¿Es eso? Preguntó mi amor. No estoy seguro, respondí con honestidad, podría ser, pensé que estaba más cerca de la encrucijada. Cuando nos acercábamos lo reconocí de inmediato, el letrero aún se encontraba en la ventana, 'por favor, siga', estábamos cerca de San Lázaro, donde me había desviado, por donde había llegado a Aquarius, la posada. Entramos y preguntamos si había algo de comer. Jamón y queso y un poco de vino hecho en casa, la chica respondió, y pregunté ¿estamos cerca de San Lázaro? Eso está a la vuelta de la esquina, a unos 5 minutos de aquí, dijo. Mañana, mi amor, dijo, vamos a coger el coche y nos iremos y voy tomar algunas fotos, estoy realmente muy cansada. Después de dos copas de vino, entramos bajo la lluvia que comenzó como una llovizna y luego su fuerza aumentó. ¿Cómo era posible que de todos los hoteles donde habíamos pasado, habíamos parado en un cruce de caminos, donde había caminado hace 2 años antes? El destino nos había dado una señal fuerte...

Al día siguiente pasaríamos por San Lázaro, mi amada quería ver cómo es una posada de una iglesia. Les da posada a unos pocos miles de peregrinos por la noche, le dije y yo sabía que todo era agradable. A lo lejos podría haber pasado fácilmente a un campo de concentración. Cuarteles largos rodeados por cercas de alambre de espino. De aquí la tumba y la catedral se encontraban cerca. Como siempre nos trataron con una ducha de lluvia. Nuestra idea era viajar un poco por Galicia, durante unos días, antes de concluir nuestra estancia con una visita a la tumba y la catedral.

San Lázaro

Por la mañana seguimos con gran interés el pronóstico del tiempo mientras disfrutábamos del desayuno.Vimos, predijimos en la gran pantalla lo que podríamos haber conocido, sin mirar.

Lluvias seguidas de lluvias.No es casualidad que Galicia sea una de las provincias más verdes de España.Le dimos las gracias al dueño por su hospitalidad y pagamos la cuenta después de eso llevé las maletas a través de la lluvia a nuestro coche, tratando de evitar el mayor número posible de charcos.

Nos dirigimos al camino de las granjas y en ningún momento dejamos atrás el letrero que decía 'continúa'.

Una caravana como una venta de hamburguesas estaba haciendo un buen negocio, vendiendo comida basura a algunos peregrinos y llegamos al letrero infinito, el gran monumento inaugurado por el Papa, justo al lado de San Lázaro.

Aparcamos el coche y seguimos el camino hasta la puerta que era la única entrada en la cerca de alambre de púas, no se veía muy atractivo.

Sólo filas y filas de barracas significaban que habíamos llegado a la posada de la iglesia más grande de todos.

Unos cuantos miles de literas en dormitorios compartidos interminables, separados por una cocina y una zona de ducha seguida de más dormitorios.

No puedes ser exigente o delicado, por 3 euros la iglesia suministra al peregrino un lugar para dormir. La posada que parecía campo de concentración hacía un buen negocio, cuando llegué allí, estaba llena y estaría llena todos los días, cuando la tarde llegaría a su fin. Aquí hay una posada rentable para la iglesia, cuentan sus ganancias. Siete días en la semana reservadas, 3 euros por 3,000 camas, es igual a 63,000 euros a la semana, ya que las iglesias no pagan impuestos. Mi amor supo que era deprimente, pero le dije, después de un día de caminar, simplemente eres feliz si tu cabeza descansa en cualquier lugar.

Después de haber visto lo suficiente regresamos de nuevo al coche con una mezcla de sentimientos y decidí mostrarle a mi amor Aquarius, también, si la lluvia se calmaría un poco. Como cuestión de comparar dos extremos. Dejamos las afueras de la Ciudad siguiendo un camino circular alrededor de una la ciudad después de la enésima vuelta, la ley de Murphy llegó a nosotros con toda su fuerza, habíamos elegido de mala gana una salida que nos llevó lejos de la ciudad, tierras interiores. Decidimos seguir hasta encontrar el primer pueblo, tomar una taza de café y dar la vuelta, de vuelta a la ciudad. El primer pueblo estaba muy lejos y llegamos a terrenos lejanos, pero no nos importó ya que teníamos una semana de descanso para ver Galicia y visitar el santuario y no teníamos prisa. Un sol acuoso se abrió.

Reconocí la carretera que serpenteaba por el paisaje. Oye, grité con sorpresa, ese es el camino, he caminado allí. Efectivamente empezamos a ver las flechas que señalaban de nuestro camino hacia el sendero. Realmente conocía esta zona, todo era tan familiar. No me sorprendió en lo más mínimo cuando vimos un letrero 'albergue' y terminamos en la plaza del pueblo justo al lado de la Abadía con el cuidador inseguro.

Mi amor y yo nos sentamos en un café cercano y ordenamos un café. Si no te importa, le dije, te dejo aquí un minuto para saludar a un amigo mío del otro lado de la calle y apunté la Abadía. Mi amor tomó el periódico local y comenzó a leerlo, mientras disfruta de su café y crucé la calle y fui directo a la abadía en busca del cuidador inseguro allí. El que tiene la afición de evaluar a los peregrinos y sus motivos, peregrinos que vinieron bajo la lluvia. Me acerqué a la puerta monumental y llamé. Buenos días, un joven dijo, todavía está cerrado. Sólo vine a saludar a un viejo amigo mío, le dije. Oh, el hombre respondió y ¿quién es este viejo amigo tuyo? Eso no sé, le dije, nunca le pregunté su nombre, pero él trabaja aquí como cuidador y tuvimos una buena charla hace unos años.

En realidad no te conozco, el joven amable dijo y yo soy el cuidador aquí. Esto es confuso, le dije, qué extraño. ¿Cuándo fuiste peregrino? preguntó el joven. Vine aquí hace dos años, en abril, respondí y tuvimos una larga discusión con el cuidador. ¿Supongo que sólo hay un cuidador aquí? Sí, sólo uno y ese soy yo, el joven sonrió, pero fue nombrado hace apenas unos años. ¿Qué pasó con el antiguo cuidador? pregunté. Tuvo mucho que hacer, me imagino, dijo, yo era su ayudante y cierto día, de la nada, me dijo: 'He esperado mucho tiempo y ahora sé lo que quiero hacer', y yo dije, ¿qué es lo que tienes que hacer? Él me dio una mirada extraña y dijo: *Voy a comprarme una chaqueta impermeable, una verdadera y buena chaqueta impermeable'* y salió de esa puerta, riendo y hablando con él mismo. Nunca lo volvimos a ver. Medio año más tarde recibimos una postal de Nepal, de todos los lugares, Nepal. Bueno, dije, gracias, realmente espero que te vaya bien en tu trabajo, pero la información caló hondo.

Salimos del pueblo donde el cuidador de la posada hacía de su trabajo como recepcionista. A veces la llamada del camino se vuelve fuerte y entonces tienes que comprometerte. ¿Cómo sería su vida ahora, sentado en Nepal, el techo del mundo? ¿Seguiría evaluando a peregrinos o se ha convertido en un peregrino y está siendo estimado? Hombre valiente, pensé, ir a un país donde el idioma es Gurung o Awadhi, dependiendo hasta donde llegas o uno de sus muchos dialectos. Oh, bueno algunas rupias le ayudarían para sobrevivir.

Pareces a kilómetros de distancia con tus pensamientos, dijo mi amor. Es cierto, le dije. Yo estaba pensando en el cuidador que conocí aquí hace unos años. Estoy un poco preocupado por él. Oh, mi amada me dio una mirada inquisitiva. Le pregunté, continué, en la noche de una larga conversación con él, por qué no siguió a su corazón. A veces todos tenemos la necesidad de ser el hombre más sabio y dar consejos sabios. Ya sabes, cómo cada día los peregrinos entraban por su puerta y sin embargo, nunca antes había caminado el camino. Sí, dijo mi amor, continúa. Yo creo que él ha tomado a pecho mi consejo. ¿Hay más que relatar? mi amor quería saber. Sí y no, le dije que comprara un abrigo impermeable, ya que llueve mucho aquí. No veo nada malo en eso, dijo mi amor. Bueno, le expliqué, él finalmente ha comprado el abrigo. ¿Pero no lo ves? me preguntó. ¿Estuviste hablando con alguien? Ese era su asistente, quien ahora ha sido ascendido al puesto de cuidador, le dije. ¿Cuándo regresa? Ella quería saber. Nunca, me imagino, ha iniciado su búsqueda. ¿Qué está buscando? Me preguntó mi amor. Algo que no podía encontrar aquí. Santiago no está muy lejos de aquí, dijo, seguramente ya llegó. Creo ya fue y que él continuó y tengo una vaga idea de donde está ahora. Oh, de verdad, dijo ella, ¿dónde? Oh, sólo deja que sea, le dije. No entiendo lo que dices, gimió, ¿a dónde ha ido? Supuse que finalmente terminó en Nepal.

¿Nepal? Mi amor parecía sorprendida, ¿qué haría allí? Está siguiendo a su corazón, le dije. Se levanta temprano en la mañana y toma su tazón de leche de yak, después tu estómago se acostumbra a ella y ya no vomitas automáticamente, por la primera vez. Entonces subirá a una colina con vistas al lugar donde se quedará y esperará a que el sol salga. Por los primeros rayos empezará a tararear. Él tarareará basándose a los zumbidos, vibraciones que a través de la repetición lo pondrán en un estado de equilibrio con el universo. Mientras tararea, hará movimientos de balanceo cortos, de ida y vuelta y sentirá la conexión del universo que llega con él. Empezará a moverse sentado en posición de loto, meciéndose y tarareando, convirtiéndose en un catalizador de la energía, a partir del cerebro hasta la parte inferior de la columna vertebral. Oh, qué interesante, dijo mi amor, ¿cómo sabes estas cosas? Esa es una historia muy larga, le dije, te lo contaré en otra ocasión.

Cchurpi y el tararear

¿Qué hace con la energía? preguntó el despertar de mi amanecer. Oh, él guarda eso para las buenas obras, le contesté. Entonces se invitará a sí mismo un bocado de Cchurpi, que es muy desagradable para el paladar también. ¿Qué es exactamente el Cchurpi? Preguntó mi amor. Es como un queso de leche de

Yak, altamente fermentado con fibras y él comenzará a tararear una nueva vibración. Es eso, si no es que está bajo mantra. La palabra sanscrita: mantra, viene de la palabra *man* con el sufijo *tra*. La primera parte: mantra, significa pensamientos o espíritu El sufijo tra, significa instrumento. Lo que hace un mantra, un instrumento del pensamiento. Los mantras son palabras o sílabas que provocan transformaciones. Hay una creencia general en Nepal que una combinación de sonidos creó la tierra.

Si todavía no está bajo un mantra, tiene que encontrarse a sí mismo un hombre santo. Ese gurú le ayudará en el camino hacia la iluminación hasta después de algunos años de realizar buenas obras, y al tararear, mendigar, y viajar alrededor de la pobreza, alcanzará el crecimiento espiritual, que le permitirá revolcarse en su propia suciedad, recitando mantras y pintando su rostro, lo que significa el acercamiento a la iluminación. Entonces él casi ha alcanzado su objetivo. Más tarde, si persevera, se le permitirá ayudar a otros hacia la iluminación. Eso, observó mi amor, me suena a una gran cantidad de sufrimiento. El camino hacia la iluminación siempre exige muchos sacrificios, dije, espero sinceramente que 'nuestro' cuidador haya llegado a la etapa de la suciedad, porque no hay nada tan bueno como el progreso...

Debe estar frío en la cima de la colina, pero sentía un calor de las vibraciones que él había sacado. Humm, hummm, el sonido resonante lo hizo feliz, viaja grandes distancias por segundo y miraba desde las cimas de las montañas y los valles, vio a los peregrinos del mundo, avanzando a la gran '**Om**' de su mantra. ***Ommm, hummm, hummm***. Su respiración estaba ahora en su punto más bajo y los latidos de su corazón se habían ralentizado notablemente. **Omm**. La última **Om** fue seguida por la completa '**Om namo narayanana**', mantra. **Om.**

Después de que la última **ommm** se había desvanecido, Hombori, anteriormente conocido como Pedro, miró con ojos vacíos a la nada. Lentamente volvió en sí mismo. Reconoció las montañas a lo lejos y sus ojos tomaron el control. Él se había disparado como un ave de presa y vio muchas cosas, **Ommm**, las mantras eran adictivas. Sobre las montañas a lo lejos, pasa directamente un águila, buceando en los ríos y llegando en el calor del sol, ascendiendo a gran altura en el aire caliente. A través de los océanos, ha visto todo y tocado todo. **Ommm**. Ha visto salir el sol en cuatro ocasiones y se ha alimentado a sí mismo con la energía de la gran **Om**. Hoy Sjaja vendría, con algunos Cchurpis endurecidos, **Omm**.

Mientras tanto San Daniel y su esposa viajaban también, bastante cómodos en su clio alquilado, a través de pintorescos puntos de Galicia. No hay leche de yak para ellos, ni un bocado de Chhurpi que rompen dientes, no, tuvieron que conformarse con una excelente copa de vino y una tapa servida en los precios amistosos en los hermosos pueblos donde pasaban. Como no paraba la llovizna decidieron dejar las zonas rurales e irse a la costa. Galicia es una provincia pequeña del tamaño de Holanda, pero con mucho menos tráfi co, puedes cruzarlo en coche en pocas horas. Pronto llegaron a la costa y buscaron a su alrededor un buen hotel. Querían disfrutar de algunas de las especialidades culinarias de Galicia. Llegaron a una bahía con barcos de colores fl otando alegremente en sus líneas de anclaje, causado por la marea: Esto es bueno, dijo mi amor, vamos a parar aquíEncontramos un lugar de estacionamiento en el bulevar y puedes simplemente elegir el hotel que quieres. Elegimos uno agradable. Esa noche, que por cierto no llovió, nos sentamos con un plato de mejillones, con vistas a la bahía y me gustó su risa y disfruté de su compañía. Era la bahía de 'Finisterre', la zona de transición de los viejos mitos del mundo de los sueños y de la zona de penumbra. Los romanos evitaban Finnisterre, lo consideraban un lugar de sombras, donde los espíritus errantes podrían vagar. Finnisterre signifi ca el fin de la tierra o del mundo.Allí estás, entonces Hombori, dijo Sjaja, te vi desde lejos. Trate de separar el mundo real y astral. Los mantras son sólo herramientas de la mente, no un medio para un fi n. ¿Cómo es tu nuevo amo? No quiero oírte hablar, en esta etapa no hablas. No quiero oír una palabra, trata de transmitir lo que quieres decir por el pensamiento.

Hombori, comprendió que sólo la había proyectado, tendría que esperar hasta que viniera con su ración de Cchurpi, un poco desolado comenzó un nuevo **ommmmm**...Después de unos días espléndidos en la costa, disfrutando de los frutos del mar, había llegado el momento de ir a Santiago. Yo quería ir a Aquarius, se formó un contraste con San Lázaro. En coche era mucho más difícil llegar allí. Simplemente caminas donde quieres, pero los coches son una parte diferente de la torta. Lo reconocí de lejos. El mural había cambiado, pero aún seguía allí, sin duda la nueva era. Toqué suavemente y esperaba a que Sjaja abriera la puerta a la tierra de la ilusión. Un joven de unos treinta años apareció en el hueco de la puerta. Entren, dijo amable, invitándonos con un gesto de su mano. ¿Cuánto tiempo van a quedarse?

No nos vamos a quedar, le dije, solo quería mostrarle esta posada a mi amor, pasé aquí hace dos años. Les mostraré todo, dijo y abrió la marcha. Ya no estaba en mal estado, se veía bonito pero funcional. Oye, exclamé, esto ha cambiado realmente. Hacemos todo lo posible, dijo el joven, ¿les apetece un poco de té? Se parecía a Sjaja, irradiaba el mismo interés en la gente y la amabilidad le rodeaba. ¿Conoces a alguien con el nombre Sjaja? le pregunté cuando nos sentamos a beber el té.

En realidad sí, pero eso fue hace mucho tiempo, dijo el joven. Se fue a Nepal con su novio. Oh, le dije, y sonó un poco decepcionado, pero el joven me dio una mirada profunda. ¿La conoces bien? Preguntó. Sólo a partir de un par de conversaciones que sostuvimos, le contesté. Pensé que ella era una señora interesante. Todos, sonrió el joven. ¿Alguien ha venido aquí de un monasterio o abadía? le pregunté pensando en el cuidador.

Mucha gente viene aquí que ha pasado tiempo en una abadía de clases, respondió. Sí, puedo entender eso, dije, pero alguien que había trabajado en una abadía, una persona insegura. Eso me suena al novio de Sjaja, mi anfitrión asumió y sentí el círculo cercano.

Entramos en el pasillo que nos llevaría debajo del altar a la tumba, con bancos de oración y la tumba del apóstol. No era lo mismo, me di cuenta de la diferencia de inmediato al entrar en el pasillo. La intensidad de la visita no era el mismo que había sido antes. Los guardias se sentaron en sus sillas en el extremo de la cámara. Caminé hacia la tumba y toqué suavemente. Ahora estoy de pie junto a mi granja, pensé. Eso me dio una buena sensación. Los dos fuimos a los bancos de oración y nos arrodillamos. Pensé por un segundo en cómo me había arrodillado aquí con mucha desesperación. Ahora mi amor está a mi lado. Empecé: *Señor, otra vez me presento ante ti, desde muy lejos, pero sin sacrificio. He venido a darte las gracias por el milagro que estabas dispuesto a realizar. Estoy tan agradecido de verdad, que estará en mi corazón para siempre. Estoy aquí de rodillas, al lado de mi gran amor, para honrarte y alabarte, muchas gracias por el favor que me has dado, Te amo.*

El pájaro de plata

El pájaro de plata no tenía tiempo para el Chhurpi o leche de yak. Se quedó temblando con las alas abiertas. No han ningún **Omm** o tarareo. Gritó repentinamente, cuando los frenos lo liberaron de su difícil situación terrenal y fuimos empujados a los cojines de los asientos de lujo como si fuéramos muñecos, sólo por un momento, hubo una duda temblorosa en la máquina y luego corrimos a toda velocidad sobre la cuerda que nos ataba a la tierra del apóstol. En unas pocas horas estaríamos de vuelta en nuestra Andalucía. Dios los bendiga a todos.

San Daniel

About the Author

San Daniel es un comerciante de vinos de Andalucía que vivió en una sociedad volátil hace años. Hace muchos años, se dirigió a un pequeño pueblo dentro de Andalucía y el pueblo envolvió sus brazos alrededor de él como un hijo adoptivo. ¡Él nunca salió de allí! Su corazón se ha convertido en andaluz.